Osez vivre de votre passion

Mary Laure **Teyssedre**

Osez vivre de votre passion

Bien vivre et s'épanouir dans sa profession de thérapeute

jouvence
EDITIONS

Dans la même collection :

Les 7 lois pour se libérer de ses peurs du lâcher-prise
David VEENHUYS, 2009

Les 7 étapes du lâcher-prise
Colette PORTELANCE, 2010

Les clés du respect de soi et des autres
Agnés Payen de la Garanderie, 2009

Catalogue gratuit sur simple demande
Éditions Jouvence
France : BP 90107 – 74161 Saint-Julien-en-Genevois Cedex
Suisse : CP 184 – 1233 Genève-Bernex
Site internet : **www.editions-jouvence.com**
Mail : info@editions-jouvence.com

ISBN 978-2-88353-922-8

Dessin de couverture : Jean Augagneur
Maquette de couverture et intérieure : Stéphanie Roze
Mise en page intérieure : manipages

Sommaire

Pictogrammes

Bon à savoir

À retenir

ATTENTION

Recette

Témoignage

Zoom

Le petit plus

Le saviez-vous ?

Un peu d'histoire

Conclusion

Pour aller plus loin

Trucs et astuces

Notre collection **Maxi Pratiques** se veut claire, lisible, didactique et facile d'accès. Elle comporte des rubriques reconnaissables par des pictogrammes (ci-dessus) ; vous accédez ainsi à l'essence de nos livres rapidement (chaque livre ne contient pas forcément tous les pictogrammes présents). Bonne lecture et bien du plaisir !

Introduction

De parallèles à complémentaires, l'émergence des nouvelles thérapies est inéluctable...

Dans une société de plus en plus en demande face au stress et à l'émergence de maux pour lesquelles la médecine allopathique reste actuellement impuissante, l'apparition de nouvelles thérapies permet aux personnes ayant besoin d'écoute, de soutien et de mieux-être, de se sentir moins seules face aux stress, aux situations difficiles, aux maladies ou au passage vers l'autre monde...

Longtemps dénigrées, considérées ensuite comme « parallèles » puis « alternatives », ces thérapies sont dans certaines sociétés modernes acceptées comme « complémentaires » et intégrées au processus de soins hospitaliers. C'est le cas par exemple aux États-Unis, en Israël, au Canada, en Suisse, ou en Espagne. Elles sont même dans certains cas remboursées par les « Sécurités sociales » ou assurances locales.

La France reste à la traîne, même si certaines spécialités sont enfin considérées et commencent à trouver leur place dans le processus de mieux-être, telles l'ostéopathie, l'acuponcture, la diététique, la naturopathie, l'hypnose...

Il est à noter que certaines spécialités (phytothérapie, naturopathie, diététique, aromathérapie, etc.) sont en descendance directe des connaissances de nos anciens... et étaient utilisées quotidiennement il n'y a encore pas si longtemps.

Un nouveau statut social qui a fait sortir de l'ombre de nombreux passionnés

Le statut d'auto-entrepreneur lancé en 2009 par le gouvernement a permis aux thérapeutes individuels d'oser se lancer de manière plus officielle. Même si leur activité se limite actuellement au bien-être et à la réduction du stress, leur passion et leur dévouement sont souvent essentiels et fortement appréciés des personnes qu'ils accompagnent. Avoir un statut fiscal et social est la première façon de faire reconnaître son existence et son savoir-faire, d'oser sortir de l'ombre.

Encore dénigrés car se battant face aux puissants lobbies pharmaceutiques et médicaux, les thérapeutes complémentaires apportent une aide indéniable aux personnes en difficulté.

Oser sortir de l'ombre est le premier pas, (bien) vivre de sa passion est le suivant.

Mon constat :

Les thérapeutes « complémentaires » (je préfère ce terme à « alternatifs ») sont des gens passionnés. Ils croient à ce qu'ils font, et sont plus intéressés par les résultats sur leurs « clients » (terme que nombreux d'entre eux rechignent d'ailleurs à utiliser) que par leurs propres résultats financiers… Ils ont souvent testé sur eux-mêmes la ou les méthode(s) qu'ils utilisent, et sont donc sûrs de ce qu'ils avancent et des résultats possibles. Ils ont souvent du mal à présenter succinctement ce qu'ils font et à se mettre en avant… Passionnés, ils ont effectué un long travail de développement personnel et complété leurs connaissances de nombreuses formations « annexes » à la leur, dont ils ne parlent en général même pas.

Oser vivre de leur passion est nouveau, pas forcément facile à assumer… et chacun d'entre eux doit réaliser un travail personnel en profondeur pour y arriver. Ils ont un rapport ambigu à l'argent, et pensent quelquefois qu'être spirituels (ou dans une relation d'aide) entraîne un renoncement à l'argent (ce qu'ils ont déjà quasiment accepté).

Pourquoi cet ouvrage ?

C'est pour donner les bases d'un marketing local opérationnel efficace et de qualité à tous ceux qui sont passionnés par l'aide à son prochain, que ce projet a vu le jour :

++ Il n'y a pas d'ouvrage à destination des thérapeutes complémentaires dans le domaine du marketing.
++ Il n'existe pas de parution dans le domaine de la création d'entreprise s'adressant à cette population d'entrepreneurs bien spécifiques.
++ Ces thérapeutes passionnés ont souvent un premier métier qu'ils ont progressivement abandonné au profit de leur nouvelle passion. Pour cela, ils ont suivi une formation complémentaire (souvent) à leur frais. Ils n'ont pas toujours l'âme d'un chef d'entreprise, sauf si c'était leur premier métier. Ils ne sont généralement pas non plus spécialistes en publicité personnelle. Enfin, ils souffrent de l'image véhiculée auprès du grand public par certains individus peu scrupuleux, des lobbies puissants et des médias complaisants. Leur intégrité est constamment remise en question quand leur objectif (véritable) est d'aider leur prochain.
++ Oser faire payer ses services lorsqu'on vit de sa passion n'est pas chose aisée, surtout lorsque cette passion n'est pas encore (re)connue par le grand public... Cela implique d'une part une remise en question de ses croyances personnelles, et d'autre part de braver certains risques, ce que ces thérapeutes sont souvent disposés à faire.

À qui s'adresse ce livre en particulier ?

À tous les thérapeutes complémentaires souhaitant développer leur activité ou rencontrant des difficultés pour communiquer leur passion : thérapeutes énergétique et Reiki, professeurs de yoga, kinésiologues, formateurs en médecine douce, sophrologues, psychothérapeutes, consultant en tarot psychologique, masseurs et masseuses de bien-être, responsables de magasins de produits naturels et produits bio, magasins de beauté bio, spa, naturopathes, hypnothérapeutes, accompagnateurs indépendants de personnes malades ou en fin de vie, préparation alternative à l'accouchement sans douleur, doulas, artistes, etc.

Bref, tous les auto-entrepreneurs passionnés et passionnants ayant comme objectif d'aider, de soulager et d'accompagner leurs pairs.

Qui suis-je ?

Je suis titulaire d'un diplôme d'études supérieures en commerce, option marketing-stratégie. Quinze années d'expérience professionnelle m'ont permis de montrer mon savoir-faire dans des postes à responsabilités, en lien direct avec la force de vente, avec comme résultat le développement du chiffre d'affaires de manière significative. J'ai exercé dans des environnements très variés : mutualité santé, agence de publicité, chaîne de restauration rapide sud-américaine (42 points de vente), casinos de jeux.

Trilingue, mon expérience internationale me permet de m'adapter à différents interlocuteurs.

J'ai aussi eu l'occasion de mettre mes connaissances au service de très petites structures, principalement individuelles, ayant donc un budget extrêmement restreint pour démarrer leurs activités.

J'ai découvert les soins énergétiques à travers le Reiki il y a une dizaine d'années. Depuis, j'étudie ce sujet et me passionne pour tout qui peut aider en complémentarité pour un retour vers la pleine santé et/ou pouvoir rester en bonne santé. J'ai ainsi découvert et étudié, dans le désordre : le Reiki, EMF Balancing Technique®, l'aromathérapie (**huiles essentielles**), la phytothérapie, **Barbara Brennan Healing Science®.**

C'est ce qui m'a permis de côtoyer nombre de thérapeutes complémentaires indépendants de qualité et de déplorer le fait qu'ils ne puissent pas aider plus de personnes, par manque de communication personnelle.

Mon objectif pour vous :

Je crois profondément que les méthodes de prévention ou d'aide complémentaire aux soins, soutenant une re-prise en charge par l'être humain de sa propre santé grâce à une attention quotidienne, une alimentation saine..., sont une des clés de la pleine santé (demain comme hier). Je souhaite aider les thérapeutes et gérants de magasins ayant un objectif « de complémentarité et d'accompagnement » à progresser plus vite.

Bon à savoir

Grâce à cet ouvrage, je vous propose de mettre mon expérience dans les secteurs du marketing, de la communication et des thérapies complémentaires à votre service pour vous permettre de **développer votre activité tout en restant fidèle à vos valeurs.**

Je souhaite vous aider à renforcer qui vous êtes, vous donner des outils de travail opérationnels, vous rendre autonome et prospère.

Ce livre vous propose trois pistes de réflexion :

++ Dans un premier temps, nous débusquerons quelques-unes de vos croyances et images négatives qui vous bloquent et vous empêchent d'avancer : par rapport à votre passion, par rapport au fait de gagner de l'argent avec votre passion[1]. Des exercices et amorces de solutions vous seront proposées pour vous permettre de travailler seul et vous libérer de vos différents blocages.

++ La seconde partie vous présentera des idées de terrain pour oser développer votre clientèle en tant que

1. Pour une réflexion plus complète sur le thème de l'argent et de l'Abondance, vous pouvez vous référer à mon premier ouvrage *Comment attirer l'argent et l'Abondance*, Jouvence, 2010.

thérapeute. Un marketing opérationnel, vous donnant des solutions concrètes pour enfin vivre de votre passion. Des solutions pratiques et non théoriques, des propositions à mettre en place au niveau local, dès demain si vous êtes prêt(e), pour obtenir des résultats visibles et rapides. Ce livre sera imprégné d'expériences concrètes.

++ Enfin, quelques exercices énergétiques vous seront présentés. Ils sont extrêmement utiles pour soutenir vos changements de croyances et votre croissance, personnelle et professionnelle.

Une bibliographie complète permettra de vous référer à des ouvrages plus pointus sur toute question que vous souhaiteriez approfondir.

Ce livre découle directement d'une formation de deux jours, alliant les aspects :

++ théorique (le contenu de ce livre),
++ pratique (discussion à partir de vos supports de communication, et éventuellement suivi marketing),
++ énergétique (entre 3 et 5 séances, pour éliminer les blocages de votre champ énergétique afin de permettre votre évolution et expansion personnelle et celle de votre cabinet, renforcer votre pouvoir d'intention, changer les croyances inscrites au plus profond de vous, effacer les images négatives face à l'argent, etc.)

Chapitre 1

Vos croyances et Vos créations par rapport à votre passion

Avant de découvrir l'ensemble de vos fausses croyances et le système de pensée qui vous bloque sur le chemin de l'Abondance, je vous propose de prendre quelques minutes pour vous centrer, vous connecter à votre système énergétique et, ainsi, pouvoir vous ouvrir plus facilement à la découverte de tous vos blocages…

1. Méditation d'introduction (méditation guidée)

Avant de découvrir l'ensemble de vos fausses croyances et le système de pensée qui vous bloque sur le chemin de l'Abondance, je vous propose de prendre quelques minutes pour vous centrer, vous connecter à votre système énergétique et, ainsi, pouvoir vous ouvrir plus facilement à la découverte de tous vos blocages...

Fermez les yeux et prenez quelques grandes respirations ventrales.

Fixez votre attention sur vos pieds, sur leur contact avec le sol. Quelle est la nature de ce contact ? Laissez vos pieds s'enfoncer dans le sol et, doucement, tout doucement, laissez votre conscience remonter le long de votre jambe gauche, puis le long de votre mollet, votre genou, votre cuisse, votre bassin... Reportez maintenant votre attention sur votre pied droit, vos orteils, le contact de votre plante de pied sur le sol. Laissez doucement votre attention remonter le long de votre jambe droite, votre mollet, votre genou, votre cuisse, tout votre bassin...

Au niveau de votre entrejambe se situe le premier centre d'énergie, de couleur rouge...

« Observez » votre rouge. De quelle nature est-il ? Quelle est la couleur qui vous vient à l'esprit ? Quelle est votre relation avec le rouge ? Est-ce une couleur que vous aimez ? Portez-vous régulièrement des vêtements rouges ? Avez-vous chez vous des éléments de décoration rouges ? Laissez les images venir à vous, sans jugements... ne cherchez rien, soyez prêt à réceptionner les pensées qui vous viennent.

Remontez maintenant avec votre attention tout le long de votre corps... toujours en ayant cette conscience de vos plantes de pieds bien ancrées dans le sol, laissez votre attention remonter doucement dans votre bas-ventre...

Sous votre nombril, légèrement au-dessus du pubis se situe votre deuxième centre d'énergie, de couleur orange... « Observez » votre orange. Quelle est sa nature ? Est-il brillant, tonique ? Ou pâle ? Quelle est votre relation à cette couleur ? L'aimez-vous ? Laissez venir à vous les associations d'idées avec la couleur orange, les teintes qui peuvent se présenter dans votre « écran mental ».

Puis de nouveau, laissez votre attention remonter dans votre ventre, tous vos organes, le long de votre colonne vertébrale, dans votre poitrine, votre cage thoracique, votre cou, dans toute votre tête, votre boîte crânienne, votre cerveau…

Observez. Où ressentez-vous des tensions dans votre corps ?

Redescendez doucement votre attention le long de votre corps et attardez-vous de nouveau au niveau du deuxième centre d'énergie, au-dessus du pubis.

Imaginez maintenant une belle orange, ou même du jus d'orange, une couleur orange vibrante, vitaminée, pleine d'énergie… Laissez cette couleur dynamique, vivante, vous envahir… vous « êtes » orange…

Respirez le orange… cet orange plein de passion et de pouvoir de vie… inspirez le orange, expirez le orange… inspirez le orange, expirez le orange… Faites cette respiration-visualisation une bonne dizaine de fois…

Y a-t-il des endroits dans votre corps où cet orange ne circule pas ? Quels sont-ils ? Sans jugements, soyez juste observateur de ces endroits de votre corps, non accessibles à cette couleur.

Puis descendez encore un peu, et observez maintenant votre rouge au niveau du premier centre d'énergie, à l'entrejambe.

Imaginez maintenant une belle tomate, de couleur rouge, une couleur vibrante et pleine d'énergie... vous pouvez aussi imaginer, si c'est plus facile pour vous, le rouge du magma, source de vie du centre de la Terre, ou le rouge du sang, qui permet à la vie de circuler dans l'ensemble de notre corps... Laissez cette couleur vibrante, vivante, vous envahir... vous « êtes » rouge...

Respirez le rouge... ce rouge plein de tonus et de vie... inspirez le rouge, expirez le rouge... inspirez le rouge, expirez le rouge... Faites cette respiration-visualisation une bonne dizaine de fois...

Y a-t-il des endroits dans votre corps où ce rouge ne circule pas ? Quels sont-ils ? Sans jugements, soyez juste observateur de ces endroits de votre corps, non accessibles encore à la couleur rouge.

Ensuite, vous pourrez doucement amener votre attention sur vos pieds, vos plantes de pieds sur le sol, votre contact avec la Terre à travers vos pieds. Quand vous êtes prêts, vous pourrez doucement ouvrir les yeux.

Quelques explications sur cette méditation :

sentiment de sécurité

Couleur rouge : cette couleur est la couleur du premier « chakra », un des sept centres d'énergie du corps humain, situé à l'entrejambe. Il est relié énergétiquement à plusieurs organes (les glandes surrénales en particulier). Au niveau psycho-énergétique, son bon état de fonctionnement assure une relation solide au monde matériel, un sentiment de sécurité dans son propre corps, une confiance dans la vie, un rapport à l'argent et au matériel sain.

Couleur orange : cette couleur est la couleur du deuxième « chakra », situé légèrement au-dessus du pubis. Au niveau énergétique, il alimente les organes sexuels, et tout le bas-ventre. Au niveau psycho-énergétique, son bon état de fonctionnement assure une confiance en soi et en son pouvoir de création, une vie sexuelle épanouie, une créativité fleurissante, une faculté de matérialisation de ses aspirations...

créativité fleurissante

De même que pour le rouge, votre couleur orange (très clair ou très foncé, actif, vibrant) pourrait vous donner des informations sur votre prochain axe de développement personnel, pour vivre au mieux votre passion.

La « texture » des couleurs visualisées durant cette méditation peut donner des informations sur le travail énergétique que vous pourriez entreprendre pour vous aider.

L'endroit où les couleurs ne « circulent » pas dans le corps :

En fonction du positionnement, cela peut indiquer la nature des expériences passées ou présentes bloquant la possibilité de vous épanouir grâce à votre créativité (votre passion) dans votre vie. Se référer pour cela à l'excellent livre de Michel Odoul, *Dis-moi où tu as mal, je te dirai pourquoi*, Albin Michel, 2002.

Bon à savoir

La possibilité d'inspirer et d'expirer régulièrement des couleurs vibrantes est une façon très efficace de s'ouvrir à d'autres possibilités, au niveau de votre créativité et de votre rapport au monde matériel.

Après cette méditation, vous pouvez commencer à remplir les questionnaires ci-dessous, qui vous permettront de prendre conscience de vos blocages... Essayer de répondre honnêtement et rapidement, et surtout, sans autocensure ni jugements. Si possible, ne vous interrompez pas.

2. Vos associations d'idées par rapport à votre passion

Complétez les phrases suivantes : **surtout, pas de jugements ni d'autocensure !**

- ❑ Pour moi, être thérapeute/artiste/(votre passion) est
- ❑ Ma passion est
- ❑ Vivre de sa passion c'est
- ❑ Les gens qui vivent de leur passion sont
- ❑ Quand je pense à vivre de ma passion, je ressens
- ❑ Si je deviens (votre passion), je devrais toujours
- ❑ En tant que (votre passion/thérapeute), on attend de moi
- ❑ En tant que (votre passion/thérapeute), je ne peux pas

- ❑ Si je deviens (votre passion), ma famille
- ❑ Si je vis de ma passion, ma famille
- ❑ Si je deviens très riche et si j'ai du succès avec ma passion, ma famille
- ❑ Si je deviens (votre passion), mes amis
- ❑ Si je vis de ma passion, mes amis
- ❑ Quand je rencontre d'autres personnes passionnées ou thérapeutes comme moi, je les juge très durement si
- ❑ Si je deviens très riche et si j'ai du succès avec ma passion, mes amis
- ❑ Je ne vis pas encore de ma passion parce que
- ❑ Si je vivais très bien de ma passion maintenant
- ❑ Les raisons pour lesquelles je ne deviendrai pas riche avec ma passion sont
- ❑ Mes plus grandes peurs, inquiétudes et images par rapport à ma passion sont
- ❑ Le pire qui pourrait arriver pour moi dans ce domaine serait
- ❑ Ce qui me manque pour enfin devenir le (votre passion/thérapeute) que je souhaite devenir :
- ❑ Je ne serais jamais aussi talentueux que
- ❑ Je ne veux surtout pas être comme

3. Vos images et croyances : vivre de votre passion

Notez chaque affirmation de « Pas du tout d'accord » (1) à « Complètement d'accord » (10) :

- ❑ Les gens riches ne sont pas spirituels.
- ❑ Si je devenais très riche, je serais moins authentique, moins sympathique, moins gentil.
- ❑ De toutes façons, travail et plaisir ne sont pas compatibles.
- ❑ Pour vraiment gagner sa vie en tant qu'artiste, il faut être une star, sinon on est rien.
- ❑ Les thérapies complémentaires ne sont déjà même pas reconnues par les autorités publiques, comment voulez-vous que le grand public y adhère ?
- ❑ Il faut travailler dur pour gagner de l'argent.
- ❑ Je donne facilement, mais je ne reçois pas facilement.
- ❑ C'est l'Univers qui décide si on est riche ou pauvre.
- ❑ J'ai du mal à faire payer mes séances aux gens qui n'ont pas beaucoup d'argent.
- ❑ Si on est intéressé par l'argent, on n'est pas vraiment dans la relation d'aide.

- ❑ Faire payer fait partie de la thérapie.
- ❑ L'argent bloque les talents créatifs.
- ❑ On ne peut pas devenir riche en faisant ce qu'on aime.
- ❑ Si le succès vient trop rapidement, il ne durera pas.
- ❑ J'ai du mal à faire payer mes amis pour mes séances.
- ❑ Si je dis ce que je fais, on va me prendre pour un charlatan.
- ❑ De toutes façons, les thérapeutes alternatifs sont en dehors de la réalité.
- ❑ Vendre n'est pas compatible avec ce que je fais.
- ❑ Les riches ont souvent fait quelque chose de malhonnête pour avoir autant d'argent.
- ❑ Les gens qui réussissent sont souvent prétentieux et arrogants.
- ❑ Faire des investissements, c'est pour les gens qui ont beaucoup d'argent.
- ❑ Je suis trop jeune pour devenir riche avec ma passion.
- ❑ Je suis trop vieux pour devenir riche avec ma passion.
- ❑ En tant que femme, c'est encore plus difficile de vivre de sa passion.

- ❑ Ce n'est pas normal pour moi d'avoir beaucoup d'argent quand d'autres n'ont rien.
- ❑ La sécurité financière vient d'un bon travail avec un salaire régulier.
- ❑ Je n'aime pas vendre ou faire de la pub.
- ❑ Ce que j'aimerais, c'est ne pas avoir à m'occuper d'argent.
- ❑ Ça ne m'amuse pas de gérer les comptes.

4. Quelques déterminants par rapport à votre passion

- ❑ Ce que vous avez toujours entendu dire par votre père à propos de votre passion, votre nouvelle profession :
- ❑ Ce que vous avez toujours entendu dire par votre mère à propos de votre passion, votre nouvelle profession :
- ❑ Les « dictons » qui vous viennent à l'esprit à propos de votre passion, des gens qui vivent de leur passion, des gens qui font la même chose que vous :
- ❑ Ce que vos amis disent de votre passion, votre nouvelle profession :
- ❑ Ce que vous pensez que les gens pensent de votre nouvelle profession :

5. Changez votre façon de penser ! Maintenant !

Si vous avez répondu avec honnêteté à ces quelques questions, vous avez sans doute déjà découvert quelques-uns de vos blocages ! Vous êtes thérapeute, ou projetez de le devenir, je vous laisse donc le soin d'utiliser votre méthode, ou l'une de celles que vous connaissez, pour éliminer ce qui vous empêche d'avancer vers votre totale réalisation. Je ne résiste toutefois pas à vous en rappeler une très simple, et très efficace, que vous connaissez peut-être déjà.

6. EFT : Emotional Freedom Technique (Technique de libération émotionnelle)

Fondée par Gary Craig, l'EFT permet de libérer les émotions négatives du système énergétique grâce à une série de tapotements. Son intérêt est de pouvoir pratiquer seul, chez vous, même s'il est recommandé de vous faire aider par des praticiens spécialisés dans cette technique (partout en France). Cette méthode, facile

l'EFT permet de libérer les émotions négatives du système énergétique

et efficace, donne des résultats rapides et durables.

Elle s'utilise pour se libérer de toutes les émotions négatives (tristesse, peur, phobie, colère, dégoût, honte, anxiété, culpabilité…) ou pour résoudre d'autres types de problèmes : poids, mauvaise image de soi, tabagisme, envies compulsives, etc. Vous pouvez donc l'adapter à vos croyances sur votre passion et sur les « peurs » que vous avez débusquées précédemment.

Elle part du postulat suivant : les réactions et les décisions sont inconscientes ou régies par des émotions passées. Elles affectent pourtant le présent, et donc l'avenir. Lorsqu'on rencontre toujours les mêmes problèmes, c'est parce que nos croyances restent inchangées. En les identifiant et les corrigeant, vos nouveaux choix se mettront en place plus aisément, car ils ne seront plus auto-sabotés par des pensées négatives. Vos projets pourront enfin voir le jour…

Comment ça marche ? L'EFT (ou « tapping ») consiste à tapoter certains points spécifiques situés sur les méridiens d'énergie en répétant ce qui nous dérange. Le tapotement suffit à rééquilibrer les émotions. La charge émotive liée au problème ne sera alors plus ressentie (... aussi intensément). Chaque point tapoté correspond à un méridien précis, avec une fonction précise.

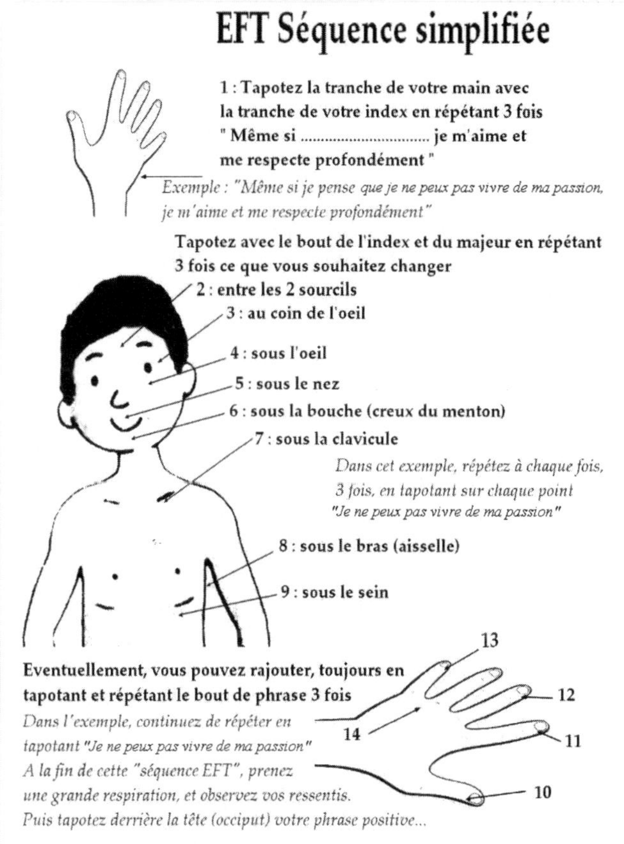

Le petit plus

Pour renforcer vos nouvelles croyances (positives) après avoir éliminé celles qui vous bloquent :

Tapotez vos croyances positives à la base du crâne (3 fois). Attention à votre formulation, qui doit rester positive, concrète et être déclinée au présent.

Attrapez votre lobe d'oreille gauche avec votre main droite, et votre lobe d'oreille droit avec votre main gauche. Doucement, pliez les genoux jusqu'à vous retrouver accroupi, puis relevez-vous... Inspirez en remontant, déclamez votre nouvel objectif, expirez en descendant, environ 10 fois... Votre nouvelle phrase doit « sonner juste » et cet « exercice » se faire de façon fluide.

7. Trois croyances communes à changer !

Gagner de l'argent n'a rien à voir avec le fait d'être spirituel (ou non).

Parmi les thérapeutes complémentaires, certains sont assez spirituels et ont l'impression de ne pas répondre à l'« appel » qu'ils reçoivent s'ils gagnent de l'argent (beaucoup) avec leur passion. Cette croyance est renforcée par la méconnaissance de leur activité par les non-initiés, qui peuvent même penser : « Si vous utilisez votre "don", les séances devraient être gratuites ! » Pourtant, de la même manière qu'un coiffeur utilise des ciseaux et qu'il fait payer son savoir-faire, un thérapeute complémentaire a dû lui aussi étudier pour « savoir aider ».

Vous pouvez être spirituel et gagner de l'argent avec votre activité. De plus, le « don » se travaille et se développe. Cela n'a rien d'un « don » puisque cela s'apprend. Les formations (sérieuses) en ce domaine peuvent être longues et onéreuses. Si tout le monde a le potentiel pour aider les autres, ceux qui choisissent de le faire, et d'étudier pour cela, doivent être rétribués pour leur travail. Vous faites payer votre savoir-faire et votre temps, comme tous les autres professionnels.

Vous avez investi du temps et de l'argent pour apprendre les techniques que vous utilisez, pour connaître le fonctionnement du corps, etc. C'est ce dont vos clients ont besoin. Et maintenant, vous avez besoin de clients pour mettre en application votre formation !

Si vous êtes spirituel, vous savez que l'Univers est Abondance. Si vous êtes connecté, alors vous vivez dans l'Abondance, y compris financière. Si non, c'est que ❶ vous n'êtes pas spirituel, ❷ vous n'êtes pas connecté ou ❸. Quelque chose vous bloque sur le chemin... À vous de faire le nécessaire pour avancer !

Votre activité est un travail, ce n'est pas un passe-temps !

La difficulté de gagner sa vie avec sa passion, c'est que l'on n'a pas l'impression de travailler... Encore une croyance à éliminer, du type « tu dois travailler dur pour réussir »... pourquoi ? On peut travailler et avoir du plaisir à le faire, non ?

La difficulté de gagner sa vie avec la thérapie complémentaire, c'est de ressentir cet « appel », être sûr que c'est « sa voie », et donc suivre le flot de la vie dans son travail...

Il faut quelquefois du temps pour répondre « oui » à la question de savoir si l'on travaille lorsque l'on aime vraiment ce que l'on fait. Et pour réussir à garder l'équilibre entre travail et passion, entre entreprise et passe-temps, une seule voie : celle du milieu !

fixez-vous des horaires

++ Traitez votre activité comme un travail, fixez-vous des horaires que vous respectez, préparez un plan d'actions de communication, définissez votre budget...

++ Et méditez à ce sujet : posez les questions qui vous préoccupent et attendez les réponses qui, comme vous le savez, viennent toujours, même si elles ne vous conviennent pas. Demandez à être guidé, pour prendre les meilleures décisions pour vous.

++ Puis, agissez ! Vous pouvez avoir les meilleures idées du monde et méditer des heures sur le fait de gagner de l'argent avec votre passion, mais un jour, il faut passer à l'action.

passez à l'action

Inciter à la vente n'a rien à voir avec le fait d'être spirituel ou non.

La limite est ténue entre le spirituel et le commerce, et les thérapeutes sérieux pâtissent, au début de leur relation avec un nouveau client, de la mauvaise réputation de leur profession. Du coup, ils n'osent même plus proposer à leur client un produit complémentaire à leur activité, de peur d'être catalogués parmi les charlatans abusant de leur pouvoir ! Vous pouvez parfaitement vendre avec intégrité, en expliquant à votre client le bénéfice d'acheter tel produit complémentaire et en lui laissant le choix.

De même, vous pouvez parfaitement proposer le prochain rendez-vous sans pour autant « pousser à la consommation ». De nombreuses professions font de même avec vous sans que cela vous choque : votre garagiste, les médecins spécialisés que vous avez l'habitude d'aller voir, votre coiffeur... Chacun a une expertise que vous respectez, et chacun vous propose de fixer rendez-vous régulièrement ou vous propose un produit complémentaire... C'est ce que vous pouvez aussi proposer à vos clients, n'est ce pas ?

Chapitre 2

Marketing pour les thérapeutes

Selon les définitions « officielles », le marketing est la capacité d'adapter l'offre de l'entreprise aux besoins du marché. Pour cela, les entreprises réalisent, en principe, une étude de marché préalable (pour savoir ce que recherchent les clients potentiels) et adaptent leur offre en conséquence.

1. Définition du marketing

Selon les définitions « officielles », le marketing est la capacité d'adapter l'offre de l'entreprise aux besoins du marché. Pour cela, les entreprises réalisent, en principe, une étude de marché préalable (pour savoir ce que recherchent les clients potentiels) et adaptent leur offre en conséquence.

les 5 P

L'offre se décline en plusieurs phases, appelées généralement les 5 P, qui sont :

++ le produit,
++ le prix,
++ la place (les moyens de distribution),
++ le packaging (l'emballage),
++ la publicité (la communication de manière globale).

Bon à savoir

De manière plus générale, le marketing est l'ensemble de ce que vous pouvez faire pour attirer à vous les consommateurs, faire qu'ils deviennent vos clients, et réussir à les fidéliser.

Dans le cas des thérapeutes complémentaires : ce que vous vendez est généralement un service. Et plus précisément encore : vous-même, qui proposez ce service.

Pour vous, il est donc nécessaire d'être capable de présenter de façon claire et attractive :

++ Votre produit : vous et les sessions de thérapies (ou de formation) que vous proposez.
++ Le prix : le prix de vos sessions, de manière claire.
++ La place : votre premier endroit de distribution est en général votre cabinet. Il peut y en avoir d'autres... Plus vous êtes visible, mieux c'est.
++ Le packaging : difficile de changer l'« emballage » d'une séance de massage de bien-être (ou modelage) ? Pas forcément : vous pouvez la proposer sous l'orientation « Saint-Valentin » par exemple, ou modelage à quatre mains, aux pierres chaudes, aux huiles essentielles, et ainsi peut-être booster vos ventes.
++ La publicité, enfin, budget extrêmement important et souvent mal géré par méconnaissance des possibilités offertes. J'espère vous faire passer le message suivant :

Bon à savoir
Le marketing n'est PAS QUE la publicité, et la publicité n'est PAS UNIQUEMENT une annonce dans le journal local (croyance malheureusement encore souvent répandue).

budget marketing

Je vous donnerai des pistes d'investissements publicitaires efficaces à moindre coût, vous permettant de comprendre qu'un budget marketing se planifie et se construit avec de nombreux outils selon vos choix, vos nécessités et vos possibilités. Il est tout à fait possible de faire beaucoup parler de soi avec un budget minime, il suffit d'être créatif, imaginatif et d'y passer un peu de temps.

Comme si tout ceci n'était pas suffisant, la communication d'un thérapeute complémentaire en France comporte un challenge supplémentaire. Il s'agit en effet de convaincre :

++ de manière intègre, car les clients potentiels sont souvent en difficultés puisqu'en demande d'aide ou face à un stress important;
++ déjouer les *a priori* très négatifs sur les thérapies complémentaires, face à des médias féroces, et se démarquer nettement des charlatans présents sur le marché du bien-être;

++ rester dans la légalité, avec un statut adapté et une communication adéquate.

Il s'agit donc souvent de mettre en place une communication de terrain, rapide et réactive, permettant des résultats visibles rapidement.

Truc et astuce

Les clés d'une communication réussie :
Restez qui vous êtes, créatif et audacieux (ou vous n'auriez pas choisi cette voie), passionné et aimant, intègre et efficace, et FAITES-LE SAVOIR !

2. État des lieux

Qui êtes-vous, comment vous présentez-vous ?

Notez en quelques mots la phrase que vous utilisez quand vous vous présentez à quelqu'un que vous ne connaissez pas, mais qui peut avoir besoin de vos services.

Maintenant, notez en quelques mots vos atouts, les formations que vous avez suivies avant d'ouvrir votre cabinet, celle que vous suivez, ce qui vous passionne, ce que vous aimeriez développer.

Réfléchissez, puis notez ce qui vous différencie de tout autre pratiquant de votre spécialité (les qualités et connaissances qui n'appartiennent qu'à vous).

Notez votre premier métier, votre formation initiale, une spécialité qui vous est spécifique et qui pourrait vous donner un axe de développement particulier.

Notez ce qui est important pour vous, les valeurs que vous défendez dans votre pratique thérapeutique.

Osez dire qui vous êtes et ce que vous faites

Plus vous allez dire ce que vous faites, plus vous pourrez rencontrer de personnes intéressées par ce que vous proposez. Vous aurez beaucoup plus de chances d'intéresser 10 personnes si vous vous présentez auprès de 100 personnes, qu'auprès de 10…

indications précises

D'autre part, si vous voulez vendre, facilitez la compréhension de vos clients potentiels… donnez-leur des indications précises sur ce que vous faites et qui vous êtes, et soyez prêts à répondre à leurs questions.

Par exemple, « Je suis masseuse de bien-être » suscitera sans doute moins de réactions que « Je suis masseuse spécialisée dans les modelages relaxants aux pierres chaudes de Hawaï et aux huiles essentielles.

Je suis aussi passionnée par les massages de bien-être pour femmes enceintes ».

L'idée est de vous présenter en expliquant aux gens comment vous pourriez les aider dans leur vie personnelle, ou aider quelqu'un de leur connaissance, et quels avantages fantastiques ils retireraient de venir vous voir.

« Je fais du Reiki » ou « Je suis énergéticienne » ne veut pas dire grand chose pour la plupart des néophytes. « Je canalise l'énergie de l'Univers par mes mains et peux ainsi aider les personnes stressées à se détendre ou à se remettre émotionnellement d'une épreuve difficile. Je forme aussi aux techniques de relaxation » donne beaucoup plus d'informations et peut inciter votre interlocuteur à vouloir en savoir plus.

De même, « Je suis géobiologiste » est moins accrocheur que « Je suis géobiologiste, j'harmonise les énergies des habitations pour ramener la sérénité dans les foyers par le biais de techniques énergétiques, telles que le feng shui et d'autres, moins connues... »

N'hésitez pas à communiquer aussi les valeurs qui vous tiennent à cœur, dans cette phrase de présentation. Par exemple : « J'aide les gens à retrouver leur potentiel énergétique, afin qu'ils puissent traverser leurs épreuves en toute autonomie », « J'aide mes clients à transformer leurs blessures en force, et je leur redonne ainsi foi en eux-même », « Ce que je fais permet à chacun de se reconnecter avec son être intérieur », etc.

Pour aller plus loin

À vous de trouver la formule qui vous correspond le mieux... Trouvez une formule **précise**, suscitant les questions sans inonder votre interlocuteur d'informations.
Cette formule doit comporter :
- votre « titre »,
- un développement succinct de votre activité,
- les valeurs que vous défendez.

Ensuite, utilisez-la, partout, tout le temps, auprès de tout le monde, dès que vous avez la moindre occasion.

Réfléchissez maintenant à la façon dont vous pourriez vous présenter, de façon concise et percutante, tout en restant vous-même. Intégrez toutes les facettes de votre personnalité :

Entraînez-vous auprès de vos amis, votre famille. Testez votre phrase et les réactions qu'elle suscite.

Votre/vos produit(s)

Quels sont les produits que vous proposez à vos clients ? Séances, formations, autres... notez-les tous :

Organisez-les en « familles » de produits :

- ❑ Quels sont ceux :
  - ➘ qui vous rapportent le plus ?
  - ➘ que vous aimez le plus ?

- ❏ Comment pourriez-vous coupler vos objectifs financiers et personnels, et présenter de manière plus attractive ce que vous avez envie de vendre ?

Quels sont vos clients potentiels ?

- ❏ Mais d'abord, comment appelez-vous les personnes qui viennent en consultation chez vous ?
- ❏ Vos clients/vos patients/autre :
  - ➘ Comment vous trouvent-ils habituellement ?
  - ➘ Quel est le type de personnes qui peut le plus bénéficier de vos services ?
  - ➘ Où les trouvez-vous habituellement ?
  - ➘ Quel est pour vous le type de client idéal ? Âge, sexe, classe sociale... ?
  - ➘ Comment, d'après vous, pourriez-vous rencontrer plus de personnes intéressées ? Où pourriez-vous trouver un grand nombre de clients « idéals » ?
  - ➘ Quel est l'intérêt de ces personnes à venir vous voir ?

Spécialisez-vous.

«niche» marketing

Il est bien entendu plus facile de vendre plus si vous êtes tout seul sur votre « marché », dans votre spécialité, dans votre ville, ou que vous n'avez aucune concurrence. Quelle serait la « niche » marketing, non encore exploitée, que vous pourriez explorer ? Quels sont vos talents, vos intérêts, vos passions, qui vous donneraient un plus ?

Voici des exemples :

- Masseuse de bien-être
  - ↘ spécialisée pour les femmes enceintes, avec table adaptée à leur morphologie.
  - ↘ spécialisée dans le massage assis de bien-être en entreprise.
  - ↘ spécialisée en réflexologie plantaire.
- Hypnothérapeute
  - ↘ spécialisé(e) dans la perte de poids.
  - ↘ spécialisé(e) dans l'arrêt du tabagisme.
  - ↘ spécialisé(e) dans le traitement des traumatismes liés aux violences physiques.
- Kinésiologue
  - ↘ spécialisé(e) dans les traitements pour bébés.
  - ↘ spécialisé(e) pour lutter contre le stress des cadres en entreprise.

- spécialisé(e) dans l'aide aux adolescents mals dans leur peau.
- ❑ Soins énergétiques
  - spécialité : lutte contre les migraines.
  - spécialité : lutte contre les sciatiques.
  - spécialité : lutte contre le mal de dos.

Le saviez-vous

Il est plus facile de communiquer auprès d'un public extrêmement ciblé.
Plus le média est spécialisé, plus votre encart publicitaire sera effectif.

Quel est le tarif de votre prestation ?*

- ❑ Comment avez-vous choisi ce prix ? Qu'en pensez-vous ?
- ❑ Quel est le tarif de vos concurrents ou des personnes offrant un service approchant ?
- ❑ Quel est votre sentiment quand vous annoncez votre prix ? Êtes-vous hésitant, sûr de vous ?
- ❑ De quelle manière vos clients vous payent-ils ?
  - Espèces/chèque/carte bancaire/autres :
- ❑ À la séance/plusieurs séances à la fois/autres :
  - Par avance/à la fin/autres :
- ❑ Avez-vous une affichette annonçant votre prix ?

Pour aller plus loin

* Pour une réflexion plus complète sur le thème de l'argent, vous pouvez vous référer à l'ouvrage du même auteur, *Comment attirer l'argent et l'Abondance*, Jouvence, 2010.

- Quelle est votre politique en terme d'annulation de rendez-vous ?
- Comment réagissez-vous si un client ne se présente pas/ne vous prévient pas/arrive en retard/etc. ?
- Quelle est votre politique tarifaire pour les enfants ? (même prix, demi-tarif, gratuit, autre ?) Pourquoi ?

Soyez clair !

Tarif

Si votre tarif n'est pas affiché, il doit être annoncé clairement avant la séance, ainsi que la durée de la séance. Sinon, vous prenez le risque d'un client mécontent, de ne pas être payé, etc.

Tant que vous n'êtes pas clair avec vous-même sur vos tarifs, ou sur le fait de monnayer vos services, vous rencontrerez des « clients » qui ne vous payeront pas ou des personnes ne respectant pas votre travail. Alors respectez-vous, respectez votre travail, et vous serez respecté.

respectez votre travail

Durée, conditions

De même, les conditions d'annulation de la séance doivent être claires (24 heures avant par exemple) et vos limites sur le temps de séance doivent être précisées. Par exemple : votre client arrive avec 30 minutes de retard, votre séance dure habituellement une heure, personne n'est prévu après lui. Quelle sera votre attitude ?

++ Décaler votre rendez-vous de 30 minutes et terminer votre journée 30 minutes plus tard ?
++ Annuler le rendez-vous, et donc ne pas recevoir votre client ?
++ Faire une séance durant 30 minutes ?
++ Autre ?

Valeurs, déclaration d'intention

Si vos tarifs sont affichés, profitez-en aussi pour afficher votre intention pour vos clients, vos valeurs, votre souhait, etc.

Facilitez le paiement pour vos clients

Espèces, chèques, carte bancaire ? Cette dernière est rarement acceptée par les entrepreneurs individuels, pourtant, il est facile de mettre en place à très peu de frais ce mode de paiement, sans avoir besoin d'un terminal de carte bancaire : utilisez internet et les services de paiement sécurisés et immédiats (PayPal par exemple). Facile pour vous (l'argent est transféré directement sur votre compte) et pour votre client (qui peut, s'il n'est pas encore enregistré, créer son compte en quelques clics et vous payer de même. Ce type de service électronique vous permet aussi de recevoir des paiements pour des consultations par téléphone ou des soins à distance, et augmente d'autant votre potentiel de clientèle.

Quels sont vos objectifs ?

Personnels ? (travail à mi-temps ? plein temps ? 2 jours par semaine ? 2 semaines de vacances tous les 2 mois ? etc.

En terme de développement financier pour votre cabinet ?

Notez-les clairement, aucune (auto) censure (4 clients par semaine ? 40 clients ? 200 euros par mois ? 2000 euros ? 4000 ? 10000 ? à 2 mois, à 6 mois, 1 an, 2 ans, 5 ans...) :

- ❑ Comment comptez-vous actuellement parvenir à cet objectif ? Notez votre (vos) engagement(s) :
- ❑ Selon vous, la raison qui fait que pour l'instant, vous n'avez pas encore atteint votre objectif ?

- ❑ Si vous aviez la possibilité d'avoir un cours particulier d'une heure avec un spécialiste de votre choix pour atteindre vos objectifs, quelle serait la spécialité que vous choisiriez ?
- ❑ Pourriez-vous maintenant choisir de vous offrir une formation en ce domaine ?

Qu'avez-vous fait au niveau publicitaire jusqu'à présent ?

Listez ci-après tout ce que vous avez fait pour promouvoir votre activité (cartes de visite, encarts publicitaires, visites, annuaires, conférences, etc.) :

- ❑ Quels sont les moyens de communication qui vous ont donné les meilleurs résultats ?
- ❑ Quels sont ceux que vous utilisez actuellement ?

Trois clés pour promouvoir votre activité

La régularité

Il est rarissime qu'une personne trouvant votre carte de visite ou voyant votre affichette pour la première fois se précipite pour prendre rendez-vous. La clé du succès réside dans la régularité. C'est aussi une preuve de sérieux que de montrer, par l'intermédiaire de votre publicité, que vous êtes présent, tout le temps, quand on a besoin de vous.

Quand vous commencez quelque chose pour augmenter votre succès, n'arrêtez pas :

déposez votre carte de visite

Si vous déposez votre carte de visite dans les magasins de votre région, passez régulièrement pour approvisionner, remettre votre affichette en place, en apposer une nouvelle, etc. Pour schématiser, ce n'est pas la première fois qu'un client passe devant votre carte qu'il vous appelle, ni la seconde, ni la troisième, ni même la quatrième fois... La... septième (?) fois peut-être regardera-t-il vaguement ce que présente votre carte et, éventuellement, il demandera autour de lui si quelqu'un a déjà essayé... ce n'est qu'au bout de nombreuses fois, et selon les circonstances de sa vie, que peut-être, il essayera de vous contacter... C'est à ce moment-là que toutes les informations de votre carte de visite (dans cet exemple) sont importantes. Il doit pouvoir vous joindre à ce moment-là, de quelque manière que ce soit !

Autre exemple : si vous intervenez dans une maison de retraite pour expliquer les bienfaits de votre technique, allez-y régulièrement. Au bout de cinq (ou plus) interventions, la confiance s'installera, vos interlocuteurs seront habitués à vous, le personnel aussi, et tous oseront vous poser plus de questions, se rapprocheront plus facilement pour demander un rendez-vous, etc.

La diversité

Communiquez de diverses façons à la fois ! Après avoir tenté plusieurs façons de communiquer, il est naturel de garder celles qui nous paraissent fonctionner le mieux. Ainsi, après quelques mois d'activité, si vous constatez un bon retour suite à l'affichage dans un magazine local et un échange fructueux avec le supermarché bio le plus proche, fortes sont les probabilités que vous en restiez là et que vous continuiez de distribuer votre carte de visite sporadiquement. Il vous faut au contraire multiplier les façons de communiquer, encore et encore, afin de renouveler votre clientèle régulièrement. N'abandonnez pas si tel essai se révèle infructueux, essayez d'un autre côté. Si vous ne rentrez pas par la porte, enjambez la fenêtre !

La singularité

soyez vous-même

Soyez vous-même ! Réalisez un dépliant qui vous plaise et qui se démarque des autres. Faites ce qu'il faut pour ne pas être perdu dans la foule des cartes de visite à la sortie du magasin ésotérique. Soyez original en restant sérieux !

Où et comment vous trouve-t-on ?

- ❑ Où se situe votre lieu de travail ?
- ❑ Comment est signalée votre activité à l'extérieur ?
- ❑ Êtes-vous présent dans l'annuaire ? Si oui, quelles sont les caractéristiques de votre annonce ?
- ❑ L'intérieur et la décoration correspondent-ils au message non verbal que vous souhaitez faire passer ?

Facilitez la recherche de vos clients !

Votre lieu de travail

Vous pouvez avoir un ou plusieurs lieux de travail, en fonction de votre activité. Chacun doit vous permettre d'avoir une plus grande visibilité et donc plus de clients.

Chaque solution a bien sûr ses avantages et ses inconvénients, à vous de peser le pour et le contre. Quelques pistes à exploiter :

Travailler chez vous, dans un centre avec plusieurs thérapeutes, à domicile, dans un endroit annexe à votre activité (par exemple : clubs sportifs pour une masseuse de bien-être, centre de formation pour un kinésiologue, diététicienne dans un magasin bio, etc.)

Dans tous les cas, chacun de vos lieux de travail doit être clairement signalé, par un panneau, une plaque, une affichette, etc. De même, si vous cumulez plusieurs centres d'activité, vous aurez plusieurs adresses sur votre carte de visite, où doivent figurer clairement les horaires où l'on peut vous y trouver.

vos lieux de travail doivent être correctement signalés

Votre signalétique

Différents moyens sont à disposition pour signaler votre présence. Selon la configuration physique de votre lieu d'activité, il peut être possible de mettre une plaque, une bannière, une affiche, un drapeau...

Aidez vos clients à vous trouver quand ils ont déjà rendez-vous, et à vous voir quand ils n'ont pas encore rendez-vous !

L'annuaire

paraître dans plusieurs rubriques de l'annuaire

L'annuaire est un vecteur de communication indispensable. C'est un des premiers réflexes de vos clients potentiels (dépassé de plus en plus par internet, toutefois). Si la parution de votre numéro de téléphone uniquement est gratuite, il est judicieux d'investir dans ce média, pour vous démarquer plus facilement. C'est à mon avis une des dépenses incontournables, souvent négligée par les thérapeutes individuels. Dans le secteur d'activité des thérapies complémentaires, il est intéressant de paraître dans plusieurs rubriques, ce qui certes multiplie les coûts, mais aussi les contacts potentiels (par exemple : soins hors d'un cadre réglementé, sophrologie, relaxation...) Prenez plusieurs lignes, pour faire connaître l'ensemble de vos activités. De même, n'oubliez pas que ce média est valable un an (minimum) et qu'il est possible de rajouter des liens sur internet directement avec votre site web.

3. Contacts avec vos clients

Voici dès à présent quelques pistes de réflexion et d'expansion de votre chiffre d'affaires à partir de ce que vous avez sans doute déjà : des clients ! Comment les « gérez » vous ? Que leur proposez-vous ? À quel rythme ? Comment pourraient-ils vous aider ?

La fiche client

Dès sa première visite, vous devez pouvoir recueillir toutes les informations utiles pour pouvoir contacter votre client lorsque vous le souhaitez et ainsi pouvoir l'informer de toutes vos promotions, etc.

Revendre un produit ou un service à quelqu'un qui vous connaît est beaucoup plus facile qu'attirer quelqu'un de nouveau, et surtout coûte nettement moins cher.

Selon votre spécialité, vous serez peut-être amené à demander des informations spécifiques. Voici celles de base : **nom, prénom**, adresse, date de naissance, **mail, téléphone** fixe et **portable**, date du premier rendez-vous, nom de la personne qui vous a recommandé (ou **comment votre client vous a-t-il trouvé**).

++ Avoir l'adresse email de votre client vous permet de vous rappeler régulièrement à son bon souvenir, gratuitement, et de lui envoyer l'information de vos promotions, vos vœux de fin d'année, vos souhaits de bon anniversaire... Un peu de temps pour entrer l'information dans votre boite mail et le tour est joué.

++ Le numéro de portable non seulement permet de prévenir en cas d'empêchement, mais donne aussi la possibilité d'annoncer vos nouveautés, par sms par exemple. À utiliser bien sûr avec modération et légèrement plus coûteux que le mail.

++ Savoir comment vous a trouvé votre client est une excellente information pour vérifier le retour de vos investissements publicitaires. De plus, si une personne vous recommande de nombreux clients, vous pouvez ainsi la remercier directement, avec un petit cadeau, un appel de remerciement ou une séance à moindre coût par exemple.

Multipliez vos ventes auprès de vos clients existants

Vos clients vous connaissent, ils ont confiance en vous, il est donc plus facile de leur vendre quelque chose que de vendre à un parfait inconnu. Profitez de votre avantage.

Osez proposer le prochain rendez-vous !

++ Plusieurs mois sont quelquefois nécessaires pour passer ce cap. Le thérapeute a l'impression de pousser à la vente, de ne pas être éthique. Il pense que le client rappellera ou demandera spontanément le prochain rendez-vous à la fin de sa séance. En fait, c'est compliquer la relation. La personne est là, en face de vous. Après le rendez-vous, elle est détendue, relaxée et ne pense pas forcément à l'organisation matérielle de sa prochaine semaine. Lui proposer un autre rendez-vous (si bien sûr vous pensez que c'est nécessaire – et c'est là qu'intervient votre intégrité), c'est :

- lui simplifier la tâche,
- lui montrer que vous faites attention à elle,
- lui donner l'avantage du choix de date face à vos futurs nouveaux clients.

N'hésitez plus, cela ne choquera personne : de la même façon que votre garagiste prend rendez-vous pour votre voiture six mois à l'avance (pour la révision des 15 000 km) ou que vous faites un bilan de santé régulier tous les X mois, proposez votre prochaine session et notez le rendez-vous !

Osez présenter le nouveau produit ou service !

++ Un des moyens d'augmenter vos ventes peut être de proposer un (des) nouveaux produits (attention à une trop grande diversification). Ainsi, un produit complémentaire à ce que vous faites déjà, à un prix attractif, pourrait intéresser vos clients captifs.

++ Par exemple : un set de produits de beauté pour les clients d'une masseuse de bien-être, un CD de relaxation pour les clients d'une sophrologue, etc.

++ De même, si vous venez d'acquérir une nouvelle technique grâce à un stage, proposez à vos clients de l'essayer en complément de leur rendez-vous habituel pour un tarif attractif.

++ Exemple : 30 minutes de réflexologie à demi-tarif pour vos anciens clients s'ils choisissent de le rajouter à leur modelage d'une heure, durant le mois de X.

Proposez des packages :

++ Avantages : vous vendez en avance et vous vous assurez ainsi une activité, vous constituez une trésorerie plus importante en amont et votre client est content puisqu'il paye moins cher ! Tout le monde est gagnant !

++ Par exemple : pour l'achat de X séances, la Xe gratuite. Ou encore : pour l'achat de X séances de Y, une séance de Z offerte. Dans ce cas, vous en profitez en plus pour faire connaître vos nouveautés !

Affichez tout ce que vous proposez :

++ Lors d'une première séance, vous pouvez aussi remettre un petit dossier complet, avec en plus, une présentation de votre parcours, les réponses aux questions les plus fréquemment posées, une lettre de bienvenue, un formulaire de parrainage ou de recommandation, votre prochaine promotion, etc. Vous pouvez aussi proposer des feuillets de présentation sur les bénéfices de votre méthode sur un

remettre un petit dossier complet

type de problème spécifique (comme le bénéfice de séances de kinésiologie sur le bégaiement, l'effet du Reiki sur le mal de dos, etc.).

Faites un *book*

Faites un *book* que vous pouvez laisser dans votre salle d'attente, avec là encore, la totalité de vos services, mais aussi les coupures de presse vous concernant, les témoignages de vos clients, etc.

++ De la même manière que dans les chaînes de restauration rapide, le vendeur vous DEMANDE si vous voulez augmenter votre menu en y rajoutant un article, DEMANDEZ à votre client s'il souhaite un autre rendez-vous, s'il souhaite tester votre nouveau produit, s'il ne préférerait pas acheter le package « 4 séances = 1 gratuite » plutôt que payer à chaque fois, etc.

Les témoignages

Peu usités en France, les témoignages sont une des clés du marketing aux États-Unis.

C'est un argument très persuasif. Pourquoi ? Si vous expliquez vous-même les bénéfices de votre méthode et que vous êtes persuasif, c'est formidable. Mais votre client potentiel sait que vous êtes le vendeur... Il est donc beaucoup plus percutant pour vous que vos clients expliquent eux-mêmes les bénéfices de votre méthode ! L'identification pour le lecteur est beaucoup plus facile...

Il est très simple de demander à vos clients réguliers, à ceux qui ont eu des résultats probants, de bien vouloir remplir quelques lignes pour faire part de leur expérience à vos clients potentiels. Rares sont ceux qui refusent. Simplifiez-leur le travail en préparant une feuille de papier où ils pourront inscrire leurs nom, prénom, âge et ville d'origine par exemple. Si vous souhaitez publier ces témoignages, obtenez d'eux l'autorisation de faire figurer ces informations, le témoignage n'aura que plus de poids.

Ce sont ces témoignages que vos clients potentiels liront en premier, votre meilleure publicité et gratuite !

Ils peuvent être utilisés oralement, sur un site internet, sur vos flyers, dans votre livre de témoignages, lors d'une promotion ponctuelle, etc.

Les recommandations et parrainages

Vos clients (contents) sont votre meilleure publicité. Prenez soin de tout et de tous ! Votre accueil, votre sourire, votre contact, votre intégrité et votre honnêteté sont vos meilleurs atouts.

Après leur avoir demandé de témoigner, incitez-les à vous recommander.

De nombreuses possibilités s'offrent à vous dans ce domaine :

++ Une affichette dans votre bureau disant simplement : « Si vous connaissez quelqu'un dans la même situation que vous, n'hésitez pas à me recommander ! » (simple et efficace) ou encore : « Vous aimez ce que vous recevez et apprenez ici ? Dites-le autour de vous. »

++ Un petit cadeau offert à toute personne envoyée par votre client.

++ 10 % de réduction pour toutes les personnes qu'il vous envoie, 50 % sur leur prochaine séance si plus de X personnes recommandées sont venues en rendez-vous grâce à lui.

++ Démonstration de vos talents lors d'une soirée spéciale organisée par l'un de vos clients auprès de ses amis : prochaine séance à moindre coût pour votre client.

Attention tout de même de ne pas tomber dans l'excès et de ne pas utiliser votre client pour vous faire connaître. Ces techniques, selon votre spécialité bien sûr, doivent rester ponctuelles et à la discrétion de chaque relation avec le client.

Les promotions, vos actions commerciales et de communication

Vous avez déjà des clients et pouvez leur proposer des promotions spéciales, comme nous venons de le voir. Et vous allez être amenés à réaliser des promotions vers l'extérieur pour toucher de nouveaux prospects, et vous faire connaître auprès d'autres types de clientèles.

ATTENTION

N'oubliez JAMAIS de proposer à vos clients les promotions que vous faites, même si elles ne leur sont pas spécialement destinées.

Informez-les de votre présence sur un salon, etc. Ils auront ainsi l'occasion de relayer l'information auprès de leurs connaissances s'ils le souhaitent...

Trucs et astuces

En bref : **utilisez au mieux ce que vous avez déjà** (vos clients actuels) **et motivez votre force de vente** (vos clients satisfaits).

Comment vous faire connaître efficacement ?

Après avoir bénéficié de ce que vous apporte votre contact clientèle, vous devez toucher plus de monde pour vous faire connaître et ainsi progresser.

De manière générale, les entrepreneurs individuels font :

++ soit du marketing sans le savoir, en utilisant leur bon sens et en exploitant leurs facultés commerciales naturelles,

++ soit passent une ou plusieurs petites annonces dans le journal local, en « espérant que ça marche »... Un moyen souvent cher, peu ciblé et pas forcément adapté à la clientèle potentielle.

Il existe d'autres alternatives, certaines gratuites et demandant du temps et de l'investissement personnel, d'autres payantes mais permettant de se présenter « différemment », ce qui paraît logique puisque vous proposez un service « différent ».

Les possibilités présentées dans les pages suivantes ne sont pas exhaustives, loin de là, et chacun peut s'en inspirer pour développer son auto-entreprise en restant lui-même et en adaptant à ses propres besoins les idées développées ici.

> La clé : restez vous-même.
>
> Vous êtes « original » et « différent » (sinon, vous ne vous seriez pas engagé dans cette voie). Prouvez-le !
>
> Trouvez la façon de communiquer qui vous ressemble. Et appliquez-la !

Votre communication écrite

Le premier outil de votre communication écrite, c'est votre carte de visite.

D'autres possibilités s'offrent également à vous pour vous démarquer, présenter en détail vos produits et services, communiquer un évènement ponctuel comme les flyers, les dépliants ou brochures, les affichettes, mais aussi tout ce qui peut être imprimé : coupon de réduction, chèque-cadeau, Post-it de prise de rendez-vous, marque-pages, papier à en-tête, etc.

La carte de visite

C'est la première image que vous donnez à votre interlocuteur. Le budget pour l'impression est l'un des premiers dépensés.

Il est donc capital de consacrer un peu de temps à la réflexion avant sa réalisation : quand on vous donne une carte de visite, à quoi faites-vous attention ?

Les informations qu'elle doit contenir

Cela peut paraître incroyable, mais nombre de cartes de visite ne sont pas complètes. Veillez donc à ne rien oublier : vos nom et prénom, téléphone (fixe si vous le souhaitez) et portable, fax, email, site web si vous en avez un. Mais aussi l'adresse de votre cabinet. Si vous exercez chez vous, il est peut être délicat de donner directement votre adresse personnelle. Votre (vos ?) spécialité(s). Éventuellement votre logo, et/ou votre slogan. Si besoin, les langues étrangères que vous pratiquez. Attention toutefois à ne pas surcharger la carte avec trop de renseignements, c'est une des difficultés. Si vous avez beaucoup d'informations à faire passer, que vous souhaitez expliquer à quoi cela sert par exemple, il sera plus judicieux de réaliser un dépliant ou un flyer de présentation.

Son impression

Vous pouvez soit demander des devis dans les imprimeries de votre région, soit faire imprimer rapidement vos cartes chez les photographes ou dans les machines automatiques prévues à cet effet. Il existe également des solutions « en ligne » pour réduire vos coûts d'impression, avec toutefois des délais plus longs. À vous de choisir la solution qui vous convient. Considérez les « options d'impression » qui peuvent faire une différence : vernis, impression brillante, papier plus épais, recto verso, etc.

Le visuel

Vous pouvez choisir de mettre un visuel, si vous n'avez pas votre propre logo ou image. Choisissez dans ce cas un visuel qui vous correspond. Évitez les plus vendus, ou vous risquez de retrouver votre carte perdue au milieu de trois ou quatre cartes avec le même visuel sur le tableau d'affichage du magasin bio.

Démarquez-vous...

Encore une fois, cherchez la possibilité de sortir du lot, quitte à payer quelques euros supplémentaires pour l'impression : rajoutez un calendrier de l'année au dos de votre carte, choisissez un format marque-page, une forme particulière, etc. Attention toutefois à ne pas trop sortir du lot : carte pas facile à ranger, trop grande, trop originale pour paraître sérieuse, etc.

...tout en restant consistant !

Si vous utilisez un logo, un code couleur, un type de présentation, faites attention à rester crédible et à l'utiliser sur vos différents supports de communication, pour favoriser la reconnaissance de « votre marque ».

Entre un modèle un peu haut de gamme permettant de sortir du lot et un modèle moins luxueux pour pouvoir imprimer 1000 ou 2000 cartes supplémentaires, le choix n'est pas toujours facile !

En bref :
prenez le temps de la réflexion pour être sûr de votre première bonne impression !

Flyers, dépliants et affichettes

La carte de visite n'est pas toujours suffisante pour présenter l'ensemble de vos produits.

Vous pouvez choisir d'utiliser des moyens complémentaires (affichettes, dépliants, flyers, cartes postales, bon cadeau, chèque de réduction ou autres) pour promouvoir tous vos services ou bien un évènement ponctuel.

Quelques clés :

++ Ne mettez pas trop de texte. Privilégiez l'image.

++ Privilégiez le bénéfice que vous proposez au client.

++ Faites attention à la durée de vie de votre support (si vous notez le prix ou la date, par exemple). Une fois la date passée ou votre prix augmenté, il vous faudrait changer tous vos supports.

++ Si vous mettez un prix, ou une offre promotionnelle, n'oubliez pas de mettre la date limite. Précisez si c'est cumulable ou non.

++ Privilégiez une diffusion régulière.

++ Utilisez éventuellement des témoignages.

++ **N'oubliez pas les mentions obligatoires :** « imprimé par (nos soins) ou (nom de l'imprimerie) », « Ne pas jeter sur la voie publique », ou encore « cette offre n'est pas médicale, consultez votre médecin pour... »

Il est souvent tentant d'imprimer une information rapide sur un ½ ou ¼ de papier A4 de couleur, pour des raisons de coût. En terme d'image, je ne pense pas que cette solution soit la meilleure. Mieux vaut quelquefois attendre un peu (si possible) et avoir un support de qualité.

Le saviez-vous

N'oubliez pas : les flyers s'envoient aussi par email !

Bon à savoir

Toute impression, quelle qu'elle soit, vous représente.

Les chèques cadeaux

Un bon moyen de promotion que vous pouvez offrir (ou vendre) :

++ à vos clients pour leurs amis,

++ aux personnes que vous rencontrez,

++ à vos prescripteurs,

++ comme « prix » lors de la tombola locale,

++ au moment de fêtes spécifiques.

Développez votre réseau de prescripteurs

Les prescripteurs sont les personnes qui peuvent vous recommander facilement parce qu'elles rencontrent régulièrement des gens susceptibles de faire appel à vos services. Allez vous présenter chez ceux qui peuvent donc devenir vos meilleurs alliés (et vous envoyer des clients).

Pour cela, soyez créatifs, et réfléchissez à votre cible et à vos clients potentiels. Quels seraient alors vos prescripteurs ?

Vos connaissances

Les premiers prescripteurs peuvent être votre famille, vos voisins, vos commerçants favoris, votre docteur, vos amis, etc.

Encore une fois, osez dire ce que vous faites : tout le monde a besoin de bien-être.

Des activités naturellement complémentaires

Voici quelques pistes :

- Vous êtes magnétiseur ? Rencontrez les naturopathes, les homéopathes, les acuponcteurs...
- Vous êtes kinésiologue ? Rencontrez les centres de formation d'adolescents en difficultés, les orthophonistes...
- Vous tenez un magasin bio ? Rencontrez les diététiciens, les coachs sportifs...
- Vous avez un magasin d'huiles essentielles ? Rencontrez les masseurs de bien-être, les aromathérapeutes...
- Vous êtes masseuse de bien-être ? Rencontrez les associations sportives, les dirigeants de salles de sports...

Des activités similaires

Rencontrez aussi d'autres thérapeutes complémentaires : ceux qui pratiquent votre méthode et aussi ceux qui en pratiquent une autre. Ceci peut vous permettre de, vous aussi, recommander certains thérapeutes à vos clients quand vous sentez qu'ils peuvent avoir besoin d'une aide supplémentaire, ou d'une aide différente de la vôtre. De même, si vous devez vous absenter (vacances ou autres), cela vous permet de ne pas laisser vos clients sans aide en cas d'urgence. Vous deviendrez alors prescripteur à votre tour. C'est, en général, à double sens.

Faites partie d'une « équipe »

Créer une « équipe » (*healing team*), avec et pour votre client, peut permettre des résultats plus rapides et plus ciblés. Différents thérapeutes suivent en même temps un même client : psychologues, médecins bien sûr, diététicienne, herboriste, énergéticien, hydrothérapeute. C'est extrêmement motivant pour le client comme pour vous-même.

De plus, créer un réseau de prescripteurs vous permet de ne pas travailler seul sur quelqu'un qui a besoin d'aide urgente et sérieuse (hors de question de travailler seul sur quelqu'un pouvant faire du tort physique à lui-même ou aux autres, par exemple). Il est donc préférable dans certains cas de référer vos clients à d'autres thérapeutes spécialisés (psychologues, psychothérapeutes, médecins spécialisés) et plus compétents que vous.

Le partage

Développer un réseau de prescripteurs et de « collègues » vous permettra de vous sentir moins isolé. Dans ce type de métier, il est souvent difficile de rencontrer des personnes avec lesquelles dialoguer, avec qui être sur la même « longueur d'onde ». Trouver des personnes avec qui vous pouvez être en relation d'échange vous rendra plus fort et vous permettra de développer l'entraide. Cela vous permettra aussi de vous autoriser à recevoir du bien-être pour vous-même de temps en temps, ce qui vous sera vital.

L'échange

Pour vous faire connaître, pratiquez l'échange !

Avec d'autres thérapeutes : un soin énergétique contre un massage de bien-être, une séance de kinésiologie contre une consultation chez une diététicienne...

Soyez créatif et profitez de votre élan de passion

Mais aussi... un soin du visage contre votre spécialité, un shampooing + coupe + coiffage contre un modelage aux pierres chaudes, etc. Soyez créatif et profitez de votre élan de passion pour en parler autour de vous le plus possible, et notamment aux professions « publiques » : quoi de mieux qu'un coiffeur ou un barman pour faire la promotion de votre cabinet d'ostéopathie... C'est fou le nombre de gens bloqués du dos que l'on peut rencontrer dans ce genre d'endroits !

Peuvent donc aussi être prescripteurs : coiffeurs, barmans, restaurateurs, charcutiers, boulangers, salons de beauté, esthéticiennes, salles de sports, supermarchés de quartier, magasins spécialisés, etc. Déposer votre carte est une chose, prendre le temps d'expliquer à vos commerçants de quartier ce que vous faites, comment vous pouvez les aider et même aider leurs clients, en est une autre !

Réaliser des évènements en commun

Il est souvent facile de communiquer ses services par l'intermédiaire des prescripteurs pour votre profession et leur proposer éventuellement une communication commune, en fonction de vos affinités.

Par exemple : abonnement 1 mois salle de sports, 2 massages de bien-être compris.

Truc et astuce

Présentez-vous, présentez-vous, présentez-vous ! Toutes les personnes que vous rencontrez peuvent devenir votre « prescripteur ».

Devenez conférencier

Que ce soit dans une maison de retraite, dans une école, dans un club de sports, chez des amis, lors d'un salon du bien-être ou d'une soirée spéciale au magasin ésotérique de votre ville, prenez la parole : arrangez-vous auprès de l'organisateur, ou de la personne responsable, pour avoir un petit temps de parole et présenter ce que vous faites, mais surtout, comment cela pourrait grandement bénéficier à votre auditoire !

C'est en général (du moins au début) gratuit pour vous (devant de très larges auditoires, vous pourriez même être payé !), vous touchez de nombreuses personnes à la fois, vous pouvez répondre à toutes les questions que tout le monde se pose, et surtout, vous pouvez remplir votre carnet de rendez-vous directement à la fin de votre conférence !

Donc, à ne surtout pas oublier lors de ce type d'intervention : un gros stock de cartes de visite et de dépliants, ainsi que votre agenda.

Si vous n'êtes pas prêt, pas de panique, votre envie de parler en public viendra (peut-être) en son temps. En attendant, vous trouverez dans les pages qui suivent de nombreuses autres idées à exploiter.

Les « relations presse »

Par « relations presse », il faut comprendre :

++ presse écrite : quotidienne, hebdomadaire, mensuelle... et nationale, régionale, locale,

++ radios,

++ télévisions.

Votre publicité

Voici ce qui phagocyte généralement les budgets communication des thérapeutes non avertis. Soyons clairs : je ne suis pas du tout opposée à la parution d'annonces publicitaires, au contraire. Elles sont indispensables pour se faire connaître du grand public. Ce que je déplore c'est que quiconque souhaite communiquer, se limite à ce support. Ces parutions sont chères et doivent être ciblées, percutantes et adaptées à vos besoins. Elles peuvent aussi, et surtout, être un outil pour un autre type de communication... tout dépend de votre faculté de négociation avec la presse !

Pour être efficace, elle doit être ciblée

D'où l'intérêt, comme vu précédemment, de pouvoir communiquer sur une de vos spécialités.

Elle peut être ciblée sur votre quartier, ville, département ou pays. Il vous paraît sans doute évident de ne pas budgéter une annonce dans un journal national si vous habitez... un petit village à 40 km de Toulouse. Vous préféreriez sans doute un journal régional, la gazette locale ou la radio du village.

C'est la même chose sur votre type de clientèle : pourquoi paraître sur un journal féminin national si vous ciblez... les sportives de ce petit village ou les femmes enceintes du département ?

À vous de définir quelle est votre cible précise et de faire votre choix en fonction des supports publicitaires qui s'offrent à vous.

Souvent, les thérapeutes pensent annonces « presse » écrite. N'oubliez pas la radio, très efficace, ou la télévision locale (de plus en plus regardée grâce aux chaînes câblées).

Elle doit aussi être percutante

Et se détacher du lot des annonces parues... Comment faire ?

++ **Trouvez un titre accrocheur !**
Le mot « GRATUIT » est souvent efficace, mais n'attire pas toujours les clients potentiels !
Présenter le bénéfice pour l'acheteur en utilisant tous les « sens » possibles est tout aussi efficace.
Par exemple : « 50 % sur votre modelage » ou « 1 h 30 de pur bonheur à moitié prix »,
« Soins énergétiques » ou « Retrouvez votre énergie vitale en moins d'une heure »,

« Hypnose ericksonnienne » ou « Enfin libéré de la nicotine en 2 x 1 h d'hypnose ! »

++ **Développez votre annonce**

++ **Dans le corps du texte, mettez les éléments nécessaires pour argumenter votre titre.**

++ **Contacts**

Notez TOUTES les possibilités pour vous contacter : téléphone fixe, portable, email, site web, fax, adresse, et les conditions si c'est un évènement (date, endroit, prix).

++ **Considérez les différentes possibilités offertes par le média :**

Par exemple pour un journal : page de garde plus chère mais plus vue, dernière de couverture, page paire ou impaire, etc.

Et pour la radio : spot classique, annonce météo, annonce horoscope, annonce de l'heure...

Les autres possibilités offertes par la presse

Voici ce que la plupart des néophytes ignorent : les larges possibilités offertes par la presse de communiquer à moindre coût.

À savoir, plus vous avez une communication régulière (payante), plus ce qui suit est facile à négocier, et plus l'ensemble est efficace.

++ **Le communiqué**
Gratuit, il sert à communiquer (comme son nom l'indique) vos changements d'horaires, d'adresse, votre évènementiel, votre prochain stage, etc. Évidemment, il ne faut pas en abuser, et sa parution est facilitée si vous êtes un client régulier des annonces du journal. Il doit toujours être sobre (au contraire d'une annonce) et court, mais permet une présence régulière.

++ **Le publi-reportage**
En général, il est payant, mais pas tout le temps. Par définition, un publi-reportage est un reportage publicitaire, c'est-à-dire une publicité qui ressemble à un reportage ou à un article. C'est plus attractif pour le lecteur et l'article a plus d'impact qu'une annonce classique. D'ailleurs, s'il est bien fait, le lecteur ne s'aperçoit pas (ou peu) qu'il s'agit d'une publicité. Selon les supports, vous pouvez négocier par exemple une page de publi-reportage pour 1/4 de page de pub.

Selon vos rapports avec le support de presse (radio ou TV) vous pouvez faire les textes vous-même ou être aidé par leur journaliste.
Il arrive souvent dans la presse locale (radio ou TV) que vous puissiez négocier avec le vendeur de l'annonce la possibilité de faire paraître un petit article (écrit par vous) explicatif (ou une interview radio, ou un reportage TV).

++ **L'information**

Pas besoin de payer si vous êtes le sujet de l'information ou de l'évènement de la semaine. À savoir et à utiliser à bon escient. Encore une fois, prendre la publicité (payante) sur la même page de parution que votre information vous permet une plus grande visibilité et une plus grande marge de négociation avec le commercial du journal/radio/TV... Informez donc toujours la presse locale de ce que vous faites.

++ **La chronique**

Là encore, un excellent moyen de vous faire connaître, d'être présent de manière publicitaire, et souvent, gratuitement : écrivez ou proposez selon vos compétences, une chronique bien-être, nutrition, santé, etc. Même démarche pour la radio ou la TV locale. Les petites stations et les journaux locaux sont souvent avides d'informations car le personnel n'est pas nombreux. À vous de savoir les convaincre de la pertinence de ce genre de rubrique. Vous écrirez ou chroniquerez pour eux, mais surtout pour vous, car une présence régulière dans un média local est un excellent moyen d'être reconnu et de travailler sur la durée.

Le petit plus

Rencontrez les acteurs de l'information locale, et informez-les régulièrement de vos activités.

++ **Les petites annonces**

Dans la rubrique « Services » par exemple. Moins chic, mais souvent moins chère qu'un encart normal. En général, 4 lignes, avec encadré possible, couleur, etc. Attention, pour les masseuses de bien-être, à bien préciser ce que vous faites (ou pas). À considérer également, un encart publicitaire DANS la rubrique des petites annonces, qui peuvent aussi avoir un bon retour.

Participez à un salon

C'est vrai, il est tentant pour un thérapeute de présenter ses services dans un salon spécialisé puisque les visiteurs sont tous potentiellement intéressés, donc clients éventuels.

clients éventuels

Ciblez votre participation

Comme pour la presse et vos annonces, ciblez votre salon : un salon « bien-être » peut paraître idéal, mais aussi peut se révéler un peu trop généraliste pour votre activité. De même, ce type de salon se développant rapidement, l'emplacement finit par revenir cher. À réfléchir avant de participer :

++ **Si le salon est loin de chez vous, rajoutez les frais de déplacements, qui font monter vos notes de frais. Tout dépend de ce que vous proposez.** Réfléchissez : si vous trouvez des clients dans ce salon, loin de chez vous, pensez-vous que votre spécialité soit suffisamment attractive pour que vos clients prennent autant de temps de déplacement pour venir vous voir ?

++ **Si le salon est très spécialisé dans votre discipline, vous ne serez alors pas le seul thérapeute à présenter vos services... Il va falloir vous démarquer !**

évitez les alcôves

++ **L'emplacement est primordial, soyez près de l'entrée (mais pas trop), évitez les alcôves ou les allées parallèles souvent proposées par les organisateurs**. Les quelques centaines d'euros en plus pour être dans l'allée centrale ou à l'intersection de deux allées sont souvent un investissement valable.

++ **Si le prix du stand est élevé, pensez « synergie » et proposez à certains de vos prescripteurs ou amis thérapeutes de partager.** Mettez ensuite une offre attractive en place avec vos partenaires de stand : par exemple, une hydrothérapeute, une herboriste et une énergéticienne peuvent proposer une cure détoxination et revitalisation complète. Ou encore, une naturopathe et une hydrothérapeute.

++ **Partager le stand vous permet d'allier vos forces pour convaincre les visiteurs, chacun peut présenter sa spécialité, et tous bénéficient de cette alliance.**

Sur un salon, organisez-vous

Quand vous prenez un stand, vous ne pouvez plus le quitter durant toute la durée du salon. Il ne vous faut donc rien oublier. Et comme vous êtes au milieu de nombreux autres stands, pensez, encore une fois, à vous démarquer !

++ **Pour le prix du stand, vous avez en général une table, une chaise (quelquefois deux), quelquefois une nappe et un petit endroit derrière vous pour présenter ce que vous faites.** Surtout, n'oubliez pas votre décoration !

++ **Avant même d'être sur le stand, prévenez vos clients de votre participation.** Une façon de les inviter à venir, de pouvoir leur présenter vos autres activités en dehors de votre cabinet et, surtout, une façon de rencontrer les amis, (qui peuvent les accompagner sur ce salon) qu'ils peuvent avoir envie de vous présenter. Il est plus facile pour ces derniers de faire une démarche de prise de rendez-vous s'ils ont eu un premier contact informel avec vous.

++ **On doit vous voir :** cela signifie bannières de présentation, tableaux, offre promotionnelle qui se voit de loin, slogan attractif et percutant, panneau tournant, etc.

++ **Que votre imagination n'ait pas de limites!** Fleur de lotus géante en papier mâché, pendule géant, table de modelage décorée, planches de présentation des muscles du corps humain, squelette pour un ostéopathe, etc. Soyez inventif et créatif!

++ Une fois sur le stand, le visiteur doit avoir accès à votre information de plusieurs manières possibles : directement par vous (l'idéal, bien sûr), mais si vous êtes déjà occupé avec quelqu'un d'autre, il lui faudra patienter, éventuellement prendre une documentation. À ne pas oublier donc : un gros stock de cartes de visite, des dépliants de présentation de toutes vos activités, des articles de presse sur ce que vous faites, qui vous êtes, éventuellement un *book* avec tous vos témoignages, toutes vos publications, les produits que vous vendez, les réponses aux questions les plus fréquemment posées, etc.

++ Et bien sûr, tous les indispensables de base : scotch, ficelle, prise multiple, rallonge électrique, lampes de bureaux et ampoules, punaises, nappe, objet de décoration pour votre stand sur la table, les murs et les piliers, bouteille d'eau et déjeuner pour vous, stylo, cartes de visite et agenda pour prise de rendez-vous.

++ Si vous n'êtes pas sur le stand, ou dans l'impossibilité de répondre, les visiteurs doivent pouvoir vous laisser un message : vous pouvez par exemple créer une « fiche de contact » avec leurs coordonnées à vous laisser, ainsi que leur(s) question(s), auxquelles bien sûr vous répondrez. Prévoyez des cases à cocher pour vous autoriser à les recontacter, leur envoyer vos promotions par mail, etc.

«fiche de contact»

Que faire sur un salon pour « attirer le client » ?

La « mini-séance »

Un thérapeute sur un salon est souvent tenté d'offrir « une mini-séance » pour attirer et convaincre le client. Selon le type de salon auquel vous participez, cette possibilité peut être envisagée. À savoir : quand vous êtes en « mini-séance », souvent, vous ne pouvez répondre à d'autres personnes puisque vous êtes occupé. Donc, soit vous « perdez » des clients potentiels lors de votre démonstration, soit vous êtes secondé par quelqu'un qui peut expliquer ce que vous faites. D'autre part, un salon est souvent bruyant, donc le silence, l'intimité et la confidentialité ne sont pas vraiment de mise... Par exemple, présenter un service d'hypnose dans de telles conditions n'est pas forcément la meilleure chose !

Une activité complémentaire à la vôtre

Vous pouvez présenter une activité plus facile à gérer en présentation rapide, plus attractive, etc. Par exemple, un logiciel de numérologie, pour attirer les visiteurs. Ou une mini-session de machine à détoxiner par les pieds. Ces services maintiennent le passant « captif » car il est occupé sur votre stand : vous pouvez lui expliquer ce que vous faites, et comme il paye pour ce service, cela vous permet de rembourser votre participation au salon. Tout le monde est gagnant.

Organiser un jeu concours, une tombola

Possibilités de gagner des séances gratuites, des bons de réductions sur vos activités ou vos produits. Récupérez ainsi les adresses de personnes suffisamment intéressées pour avoir pris le temps de remplir le bon de participation. Ce dernier doit bien sûr contenir les informations capitales dont vous avez besoin pour votre marketing : nom, prénom, téléphone et portable, email, date de naissance pour une relance sur le jour anniversaire, adresse postale. Vous pouvez aussi tout simplement laisser une boîte pour déposer sa carte de visite et gagner ainsi un lot... mais vous éliminez d'office toutes les personnes qui n'ont pas de carte de visite. N'oubliez pas la case à cocher afin de savoir si la personne est d'accord pour que vous lui fassiez parvenir vos offres promotionnelles.

Utilisez votre participation au maximum

++ Envoyez un communiqué aux journaux locaux.
++ Envoyez un mail à vos clients existants, en les invitant à venir vous voir sur votre stand et vous présenter leurs amis.
++ Essayez d'obtenir une conférence dans le cadre du salon.

Il n'y a pas que les salons !

Les salons ne sont pas les seuls endroits potentiels. De la même façon que vous avez un métier « différent », pensez

« différemment » : j'ai vu un ostéopathe, installé depuis peu, présenter ses services (avec squelette en plastique, planches explicatives et un « mini-check-up de la colonne vertébrale gratuit » à la sortie d'un petit supermarché local...).

Où pourriez-vous trouver une clientèle captive, potentiellement intéressée par vos services ? Pourriez-vous négocier avec les propriétaires de cet endroit un petit emplacement, le temps d'une journée ?

Salles de sports, maisons de retraite, centres de rééducation, piscines, magasins de diététique, marchés de plein air, marchés artisanaux, librairies spécialisées, magasins ésotériques, piscines municipales... les possibilités sont multiples.

Proposez à vos prescripteurs une démonstration gratuite de vos services à leurs clients lors d'une journée spéciale, par exemple. Une façon de créer « l'évènement » pour vous deux.

Internet

Même sans être un fan d'internet, il est devenu incontournable d'être présent sur le web. Certains thérapeutes sont experts en la matière, d'autres non. Voici quelques possibilités à ne pas ignorer, avant de devenir votre propre *webmaster*.

Les signatures automatiques

Sur chaque email que vous envoyez, vous avez la possibilité de faire apparaître (gratuitement et automatiquement) quelques lignes à la fin de votre message.

Pourquoi ne pas en profiter pour faire la promotion de votre site (si vous en avez un), d'annoncer vos nouveautés, ou même d'afficher votre promotion du moment ?

Par exemple : durant l'été, 15 minutes de massage de bien-être supplémentaire gratuit. Pour toute séance de sophrologie durant le mois de X un paquet d'encens offert, etc.

À vous de trouver ce qui pourrait motiver vos clients à revenir, et d'informer l'ensemble de vos contacts personnels de votre activité professionnelle, tout en restant discret.

Les mails

Voilà un moyen rapide, gratuit et direct de contacter vos clients. Ne les inondez pas de publicité, mais vous pouvez vous rappeler à eux régulièrement.

Par exemple : mail de vœux, en annonçant vos nouveautés de début d'année ; mail de promotion de la Saint-Valentin, fête des Mères, etc. ; mail de remerciements, avec offre promotionnelle de suivi ; ou tout simplement mail de suivi de clientèle.

Les newsletters

Vous pouvez mettre en place un groupe (les grands moteurs de recherche le proposent et la mise en place est assez aisée) et communiquer ainsi avec vos clients régulièrement, tous les mois ou tous les quinze jours, par exemple. Ils peuvent se désabonner en un seul clic. Vous savez ainsi exactement le nombre de personnes recevant votre publicité. Les groupes sont classés par intérêt, vous pouvez donc capter de nouveaux consommateurs par ce biais. Il existe aussi la possibilité d'acheter des newsletters, toutes faites, sur les sujets qui vous intéressent. N'oubliez pas dans ce cas de les personnaliser.

Les sites de références correspondant à votre activité

N'hésitez pas à vous inscrire sur les sites recensant les praticiens ayant la même activité que vous, habitant dans votre région, votre département, etc.

Par exemple : praticiens Reiki France, site d'hypnothérapie, annuaires des thérapeutes en X, etc.

C'est très efficace pour augmenter votre visibilité et ainsi permettre aux clients potentiels de vous trouver.

augmenter votre visibilité

Si vous avez vous-même un site web, vos pouvez échanger des bannières sur certains sites. Ces sites mettront votre logo si vous mettez le leur dans votre site. Pratique, gratuit et rapide. Il faut savoir aussi que certains moteurs de recherche font leur sélection d'affichage du résultat en fonction du nombre de liens vers votre site. C'est un moyen de figurer (gratuitement) sur la première page des moteurs de recherche (en y passant du temps, toutefois). Vous pouvez aussi faire appel à des spécialistes du référencement pour faire apparaître votre site sur les premières pages des moteurs de recherche.

Forums, tchats

Comme dans l'explication précédente, il peut être intéressant d'être présent sur des forums et tchats traitant de votre sujet. En répondant aux questions des internautes et en étant présent, vous allez toucher un plus grand nombre de clients potentiels dans votre spécialité ou dans votre région, à vous de choisir. Bien sûr, n'oubliez pas la signature automatique au bas de vos mails répondant aux questions.

Site web

C'est un élément quasi incontournable (à l'heure actuelle) de votre publicité. Si vous n'êtes pas calé en ce domaine, trouvez quelqu'un qui puisse le réaliser pour vous. De la simple page informative au site marchand, tout est efficace, et là encore, cela dépend de votre intention. Mais on doit pouvoir vous trouver sur le net. Si vous avez du temps, vous pouvez le réaliser vous-même, grâce à des applications comme Joomla ou par le biais de site gratuits (ifrance, pages Yahoo et Google, etc.). L'avantage est que vous n'êtes pas dépendant pour la mise à jour de vos informations.

Sinon, il est sûrement possible de trouver près de chez vous un réalisateur de sites internet qui, pour un prix plus que raisonnable (cette activité s'est bien développée), peut réaliser un site à votre image. Un investissement (très) vite remboursé.

À savoir, certains thérapeutes ont plusieurs sites web, chacun présentant un de leur domaine d'activité.

Mettez votre publicité et tout votre matériel de présentation sur votre site, y compris vos flyers (qui je vous le rappelle, peuvent s'envoyer par email).

Les réseaux

Facebook, Twitter et autres « réseaux » vous permettent d'être en contact avec de nombreux clients potentiels, de créer une « page » pour votre activité et de cibler une publicité sur votre région, pour un prix que vous déterminez vous-même. Une bonne façon de vous faire connaître, en passant un peu de temps devant votre ordinateur.

Les sites de petites annonces

Par région, là aussi, une bonne façon de faire connaître votre activité et pour un coût vraiment minime. Cette fois encore,

ATTENTION
Une présence sur internet est aujourd'hui **indispensable** pour permettre à vos clients de vous trouver et vous contacter.

c'est le temps que vous y passerez qui déterminera votre visibilité.

Créez l'« évènement »

Organisez une communication de type « évènementiel ». C'est toujours d'un grand intérêt sur le plan publicitaire. Vous pouvez en profiter pour communiquer dans la presse, mettre des affiches, relancer vos clients, etc., pour annoncer quelque chose de nouveau au sein de votre activité : nouvelle machine à mincir, nouvelle collection d'huiles essentielles... Vous n'êtes pas obligé de faire un gros évènement, il vous suffit de proposer une nouveauté ou d'organiser quelque chose. Cela permet aussi d'attirer de nouveaux consommateurs. Il peut s'agir simplement d'une « journée portes ouvertes », d'une « réduction exceptionnelle » ou d'une première consultation gratuite pendant le mois de X ».

Peu importe, en fait, ce que vous proposez. L'essentiel est la façon dont vous le mettez en valeur :

Par exemple : « Première consultation gratuite jusqu'au X », proposée aux clients qui viennent vous voir régulièrement n'a pas grand intérêt. Si vous utilisez cet évènement pour :

++ faire un mois de publicité dans le journal, durant le mois où vous faites la promotion,
++ rédiger un communiqué radio/presse pour informer les auditeurs/lecteurs de façon plus officielle,
++ réaliser un petit flyer couleur à disposer à côté de vos cartes de visite,
++ mettre des affichettes avec le même texte (ou le même visuel) chez tous vos prescripteurs,
++ envoyer un mail d'information à tous vos clients, actuels et passés, pour les informer,
++ vous faire inviter à quelques conférences en utilisant cet argument à la fin de votre présentation,
++ etc.

... alors le grand public a vraiment l'impression qu'il se passe quelque chose du côté de chez vous !

Le petit plus

Un « petit » évènement vous permet d'utiliser de nombreux supports pour communiquer.

Explorez d'autres possibilités !

Même s'ils ne sont pas toujours très bon marché, je vous conseille d'investir dans d'autres types de supports publicitaires, souvent ignorés, mais apportant une grande visibilité, donc très efficaces. De plus, en cherchant un peu, sur internet ou près de chez vous, vous les trouverez sûrement à des prix maintenant abordables. Sinon, comme je vous l'ai déjà suggéré, pensez à l'échange. Ainsi par exemple :

Les autocollants et les magnets : à mettre sur votre voiture, à offrir à vos clients, à utiliser comme cartes de visite, comme carte de vœux. Les possibilités sont multiples.

L'habillage de la vitre arrière de votre voiture : il faut un support d'impression spécifique, qui permette de voir depuis l'intérieur. Ainsi la visibilité de votre service est exceptionnelle ! Selon moi, c'est un support publicitaire presque incontournable pour une masseuse de bien-être à domicile, par exemple, et beaucoup plus efficace qu'une simple affichette.

L'habillage complet de votre voiture avec des autocollants : là encore, un support d'impression spécifique est nécessaire, mais une fois en place, personne ne peut ensuite oublier votre voiture ! À vous d'en profiter pour faire passer le message !

Le mini-calendrier de l'année, format carte de visite : vos clients ne le jetteront pas et sauront toujours le retrouver pour transmettre vos coordonnées à leurs amis.

T-shirts, casquettes, sacs, stylos publicitaires : tout dépend de votre axe de communication et de votre budget ! Les cadeaux promotionnels gratuits sont toujours appréciés, les rendre efficaces est quelquefois un peu plus délicat.

Les associations professionnelles : y participer permet de vous faire connaître auprès de vos collègues et de profiter de la communication globale de l'association auprès du grand public.

Quelques clés de motivation pour vous aider

Regardez votre opportunité : vivre de ce que vous aimez ! Regardez votre potentiel. Visez l'action et mettez à mal

votre routine et vos habitudes. Pratiquez l'optimisme : si on vous parle d'obstacles pour votre projet, reformulez. N'attendez pas pour ce projet, foncez ! Ne laissez pas de place pour les remords dans vingt ans. L'opportunité est là, vivez-la !

Admirez ce que vous voulez devenir. Bénissez les personnes qui vivent déjà de leur passion et qui ont un cabinet prospère, admirez-les, aimez-les. Sinon, comment pourriez-vous devenir ceux que vous critiquez ? Aimez votre objectif !

Entourez-vous de gens positifs, ou qui font ce dont vous rêvez. Rencontrez des gens qui symbolisent qui vous voulez devenir, demandez-leur conseil, posez-leur des questions, imitez-les. Lisez des magazines spécialisés, allez rencontrer ces personnes dans leurs lieux de fréquentations favoris.

N'hésitez plus ! Faites votre propre promotion, dites qui vous êtes et ce que vous faites. À partir de maintenant, parlez de vous et de ce que vous savez faire avec passion et enthousiasme...

Pratiquez la gratitude pour ce que vous avez déjà. Tous les jours, notez 10 choses fantastiques qui vous sont arrivées dans la journée et remerciez. Si vous n'appréciez pas ce que vous avez déjà, vous n'attirerez rien de nouveau dans votre vie.

Faites votre publicité pour attirer énormément de monde, et non juste pour rembourser le coût de l'annonce ! Voyez les choses en grand, ne vous laissez pas impressionner. D'autres ont réussi, pourquoi pas vous ? Si vous pensez que ce n'est pas possible, c'est uniquement votre mental qui bloque. Travaillez sur ce blocage et continuez d'avancer. Vivez dans l'instant et envisagez les obstacles au fur et à mesure qu'ils se présentent. La plupart des blocages sont « dans la tête », et non sur le terrain.

Entraînez-vous à recevoir. Les thérapeutes complémentaires sont d'excellents « donneurs », c'est d'ailleurs leur métier : ils donnent du temps, de l'amour, de la compassion, de l'écoute, etc. Êtes-vous capable de recevoir un compliment en disant juste « merci » ? Et sans donner de compliment en retour immédiatement ? Sans rien dire du tout ? Entraînez-vous à recevoir, et de nouveau, pratiquez la gratitude chaque fois que vous recevez.

Pour aller plus loin
*Extraits de l'ouvrage du même auteur *Comment attirer l'argent et l'Abondance*, Jouvence 2010.

Continuez d'apprendre et d'évoluer. Ne fermez pas la porte à la nouveauté sous prétexte que vous savez déjà (ou que de toutes façons, vous ne savez pas). Continuez d'être curieux de la vie, de ce qui évolue dans votre domaine d'activité, et ne laissez pas la peur vous empêcher d'agir.

4. Plan marketing, plan d'actions

Un plan marketing se construit généralement sur cinq ans, un plan d'actions sur un an. Chacun des plans récapitule les objectifs que vous vous fixez à cette date, les moyens que vous comptez mettre en œuvre pour y parvenir, ainsi que les budgets que vous attribuez à vos différentes actions. C'est en fait une façon de vous organiser et d'organiser l'information que vous souhaitez diffuser pour faire connaître votre activité.

Maintenant que vous avez découvert de nouveaux moyens de faire connaître votre entreprise, quels sont ceux que vous allez mettre en œuvre ? Vous allez devoir choisir, en fonction de votre budget et de vos objectifs personnels, ceux que vous allez utiliser.

Vous êtes sans doute enthousiaste, et vous savez aussi raisonner : vous ne pourrez pas tout faire d'un coup (temps et budget limités) !

Déterminez vos objectifs

Combien de clients souhaitez-vous recevoir, par semaine ? Par mois ? Quel est le chiffre d'affaires que cela va générer pour vous ? Si vous avez plusieurs types d'activités, quelle est celle que vous souhaitez développer ? Combien de jours souhaitez-vous travailler ? Déterminez des objectifs qui vous satisfassent à tous les niveaux (financiers, personnels).

Soyez précis, notez vos objectifs par semaine et par mois, et réalisez tous les jours l'exercice d'ancrage présenté dans les pages suivantes.

Déterminez votre budget

À partir des objectifs précédents, déterminez la somme que vous pouvez allouer à votre promotion. Comme nous l'avons vu précédemment, votre budget promotionnel n'a pas besoin d'être énorme pour commencer à vous faire connaître. Vous pouvez décider de passer plus de temps en relations publiques, pour investir moins, par exemple. En général, le budget publicitaire correspond à un pourcentage de votre chiffre d'affaires.

Établissez la liste de ce que vous voulez mettre en œuvre pour atteindre vos objectifs

Renseignez-vous auprès des entreprises spécialisées, faites établir des devis.

En fonction de ces devis, affinez votre plan d'actions : séparez ce qui est possible de ce qui ne l'est pas.

Puis, préparez votre calendrier prévisionnel.

Votre budget sera ré-ajustable en fonction de l'atteinte (ou non) de vos objectifs.

Tableau exemple

Pour vous aider à suivre votre budget et planning prévisionnel, réalisez un tableau de ce type, déclinable par an/par mois/par semaine. C'est très efficace et cela vous permet de voir en un seul coup d'œil, sans stresser, ce que vous avez à faire.

Planning prévisionnel					
À faire	Octobre	Novembre	Décembre	Janvier	Février
Imprimer					
Flyers Noël		XXX euros			
Calendriers		XX euros			
Nouv. cartes				XX euros	
Faire					
Visite hospices Réduct° de Noël			XXX euros		
Voeux Prescripteurs				XX euros	
Pub St-Valentin annonce jrnx promo radio mail clients					XXX euros (XXX) (XXX) 0
Autres					
Formation personnelle			XXX euros		
Objectifs de vente	XXXX	XXXX	XXXX	XXXX	XXXX

Vous pouvez aussi préciser vos objectifs de vente :					
Séances ind. (XX euros)	XXX (X)	XXXX (X)	XXXX (X)	XXXX (X)	XXXX (X)
Formations			XXX euros	XXX euros	XXX euros
Formation personnelle			XXX euros		
Objectifs de vente	XXXX	XXXX	XXXX	XXXX	XXXX

Chapitre 3

Soutenez votre activité sur le plan énergétique

Après avoir débusqué vos croyances négatives liées à votre passion et au fait d'en vivre ; après avoir affirmé vos nouvelles intentions positives pour développer votre art ; et après avoir découvert ce que vous pourriez réaliser concrètement pour développer votre clientèle, je vous propose d'ancrer énergétiquement vos intentions, afin de les renforcer, et soutenir vos choix de vie.

1. Ancrage et intention

Après avoir débusqué vos croyances négatives liées à votre passion et au fait d'en vivre ; après avoir affirmé vos nouvelles intentions positives pour développer votre art ; et après avoir découvert ce que vous pourriez réaliser concrètement pour développer votre clientèle, je vous propose d'ancrer énergétiquement vos intentions, afin de les renforcer, et soutenir vos choix de vie.

S'il est un exercice que vous devez **absolument** réaliser, **tous les jours**, c'est celui-ci :

Fermez les yeux et concentrez-vous sur vos pieds. La plante de vos pieds. De chacun de vos pieds laissez pousser des racines, et laissez ces racines s'enfoncer profondément dans le sol. Vous voyez maintenant vos racines s'étendre et s'ancrer fortement dans toute votre ville, votre département...

Avec une profonde inspiration, vous allez laisser venir à vous tous les nutriments de la terre, récupérés par vos racines, toute cette énergie nourricière fournie par notre mère la Terre et vous allez laisser cette énergie remonter doucement dans vos racines, la plante de vos pieds, vos pieds, vos chevilles, vos mollets, vos genoux, vos cuisses, votre bassin, votre ventre et votre colonne vertébrale, votre poitrine, votre cou et votre nuque, toute votre tête...

Avec une lente expiration, vous allez utiliser toute cette bonne énergie pour vous permettre d'étendre vos racines encore plus loin, encore plus nombreuses, encore plus fortes... vos racines s'étendent, de nombreuses radicelles se créent, et vos racines prennent maintenant... la France entière, l'Europe...

Et de nouveau, avec une profonde inspiration, vous allez pouvoir inspirer tous les nutriments, toute la bonne énergie de la Terre, et la laisser remonter dans tout votre corps : dans vos racines, la plante de vos pieds, vos pieds, vos chevilles, vos mollets, vos genoux, vos cuisses, votre bassin, votre ventre et votre colonne vertébrale, votre poitrine, votre cou et votre nuque, toute votre tête...

Et encore une fois, vous allez pouvoir, à l'expiration, laisser vos racines s'étendre, encore plus loin, encore plus profonde, encore plus fortes : elles prennent maintenant... la Terre entière !

Et de nouveau, vous allez inspirer tous les nutriments de la Terre, et laisser venir à vous toute cette bonne énergie nourricière, et la laisser remonter dans tout votre corps. Quand vous êtes ainsi bien planté(e) dans le sol, vous allez pouvoir exprimer votre intention… dans vos racines…

Vous pouvez, pour votre développement personnel, laisser venir à vous ce que vous souhaitez dans votre vie : par exemple, la clarté, l'expansion, la sécurité, l'abondance… ou une phrase complète (« Tous mes besoins sont pourvus »…)

Pour le développement de votre activité professionnelle, vous pouvez mettre dans la Terre que vous visualisez, puis dans vos racines, des objectifs clairs : « Je gagne XXXX euros ce mois-ci » ou « Je souhaite attirer XXX nouveaux clients payants »…

Durant cinq bonnes minutes, laissez la phrase ou le mot que vous avez mis dans la Terre remonter dans vos racines, et circuler dans tout votre corps lors de l'inspiration, et renforcer vos racines lors de l'expiration.

Respirez votre mot ou votre phrase positive « par vos racines ». Refaites ceci tous les jours.

2. La pensée créatrice : comment formuler sa demande ?

Extrait de *Conversation avec Dieu. Un dialogue hors du commun* de Neale Donald Walsh, page 24 :

« Tu ne recevras pas ce que tu demandes et tu n'auras rien de ce que tu veux parce que ta demande est l'affirmation d'un manque [ ] Par conséquent, **la prière adéquate n'est jamais une prière de supplication mais une prière de gratitude**. *Lorsque tu remercies Dieu à l'avance pour l'expérience que tu choisis de faire dans ta réalité, en fait, tu reconnais qu'elle s'y trouve [ ] Par conséquent, la gratitude est l'affirmation la plus puissante faite à Dieu [ ] Par conséquent,* **ne supplie jamais. Apprécie.** »

« Aucune prière (et une prière n'est rien d'autre qu'un fervent énoncé de ce qui est) ne reste sans réponse. Chaque prière (chaque pensée, chaque affirmation, chaque sentiment) est créative. C'est par ton ardeur à la tenir pour vraie qu'elle se manifestera dans ton expérience. »

« C'est toujours la pensée derrière la pensée (la pensée racine) qui contrôle. »

Vous venez de lire, brièvement résumée, une des lois les plus puissantes de l'Univers : la Loi d'Attraction.

Le saviez-vous

Soyez riche de ce que vous avez déjà, et de qui vous êtes déjà, et vous attirerez encore plus de ce que vous désirez.

De même, **la parole est créatrice** (c'est l'expression de la pensée, la pensée matérialisée) : remplacez les « Je n'ai pas vu un client depuis quinze jours » ou « Je n'ai personne en ce moment », par « Je rencontre de plus en plus de personnes intéressées par ma méthode », « Mon activité progresse régulièrement et sûrement ». Envoyez ainsi l'énergie là où vous voulez qu'elle aille, et non là où vous ne voulez pas qu'elle aille !

L'émotion attenant à la pensée racine est créatrice (tout notre système énergétique réagit à la pensée). Nos émotions ont donc un pouvoir créateur immense, puisque tout notre système énergétique crée. Aussi, ayez l'émotion d'avoir un cabinet qui fonctionne, soyez riche de vos nombreux clients et restez dans l'émotion de joie que cela vous procure. Soyez

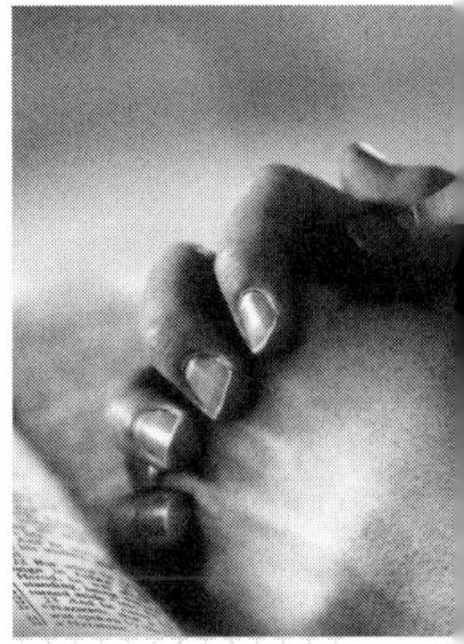

prêts à recevoir ce que l'Univers s'apprête à vous donner. Et gardez l'émotion de cette joie le plus longtemps possible, sans pensées parasites.

3. Méditation d'expansion

++ Concentrez-vous sur la plante de vos pieds et le contact de vos pieds sur le sol. Puis, laissez l'énergie de la terre remonter doucement dans vos pieds, vos chevilles, vos mollets, vos genoux, vos cuisses, votre bassin, votre ventre et votre colonne vertébrale, votre poitrine, votre cou et votre nuque, toute votre tête...

++ Prenez conscience du sang qui circule dans vos veines et de l'oxygène qu'il transporte. Il transporte la vie. Ouvrez-vous à la vie, et laissez-la circuler dans tout votre corps.

++ Ouvrez-vous maintenant à la joie, la joie d'exercer votre passion, et laissez la joie circuler dans tout votre corps.

++ Ouvrez-vous maintenant à l'Abondance, et laissez l'Abondance circuler dans toutes les cellules de votre corps, tous vos organes.

++ Laissez maintenant la lumière vous remplir doucement et chacune des cellules de votre corps transporter la lumière dans tous vos organes.

++ Laissez maintenant toute cette lumière s'étendre, dans tout votre corps, et tout autour de votre corps, quelques centimètres autour, et de plus en plus...

++ Observez, simplement, les endroits de votre corps, et autour de votre corps, qui rechignent à cette expansion. Quelle est la peur qui empêche votre expansion à cet endroit ? Observez et ne jugez pas... laissez doucement votre lumière continuer de s'étendre doucement, et rayonnez la joie, l'Abondance, la lumière, la vie...

++ Doucement, à votre rythme, vous pourrez laisser toute cette joie, cette lumière, l'Abondance et la vie revenir au plus profond de vous, et reprendre conscience de vos pieds, bien posés sur le sol.

++ Quand vous êtes prêts, vous pourrez rouvrir les yeux.

Votre expansion n'a de limites que l'idée que vous vous en faites.

4. Faites-vous une fiche de résultats positifs

Cela vous permet de regarder régulièrement vos objectifs atteints avec sérénité. Cela renforce vos émotions positives en ce qui concerne le développement de votre activité, votre optimisme et votre enthousiasme. Ainsi, par exemple :

- ❑ Vos 10 premiers clients.........
  atteint le _______________
- ❑ Vos 20 premiers clients.........
  atteint le _______________
- ❑ Vos 50 premiers clients.........
  atteint le _______________
- ❑ Objectif de X clients/ semaine
  atteint le _______________
- ❑ Objectif de X euros/ semaine
  atteint le _______________
- ❑ Objectif de X euros/ mois
  atteint le _______________
- ❑ 1er client envoyé par un prescripteur
  atteint le _______________
- ❑ Réalisation de nouvelles cartes de visite
  atteint le _______________

5. Faites attention à vous

Dans ce type d'activité, il existe plusieurs pièges connus de tous, et pourtant, expérimentés par... presque tous... Il est bon de les rappeler, pour (peut-être) pouvoir vous les éviter...

Le burn out

C'est le lot de toutes les professions d'aide : on aide, on aide, et... on s'oublie. Quand alors, on souhaite s'arrêter pour se reposer quelques jours, il est trop tard. La fatigue accumulée sans que l'on s'en aperçoive a pris le dessus et l'énergie dont on a besoin pour soi est partie pour aider les autres !

Ménagez-vous des « plages » de récupération : temps de loisirs, temps pour vous faire plaisir, temps en famille, temps seul, temps pour méditer, temps pour ne rien faire... Mangez sain et équilibré, sortez avec des amis, faites des choses nouvelles, etc.

La solitude

Un autre des pièges classiques : les thérapeutes complémentaires sont souvent seuls car en plus d'exercer une profession peu reconnue, ils travaillent seuls. L'isolement est donc une des causes de découragement. Rencontrez ceux ou celles qui font le même métier que vous et partagez des moments de détente ensemble.

Interférence entre vie privée et vie professionnelle

Ne confondez pas clients et amis, ne devenez pas amis avec vos clients par difficulté d'exprimer à vos amis la nature de votre métier. Séparez les deux, vous n'en serez que mieux.

Si vous exercez chez vous, soyez clairs avec vos clients comme avec votre famille, et mettez les barrières là où cela est nécessaire.

Conclusion

Toutes les idées présentées dans ce livre fonctionnent, mais toutes ne fonctionneront pas pour tout le monde. Choisissez les actions les plus importantes pour vous, celles qui vous paraissent les plus simples à mettre en œuvre. Ne vous forcez pas à être présent sur un salon si les relations publiques avec de parfaits inconnus pendant deux longues journées ne vous intéressent guère.

Mettez en action quelque chose de nouveau, et quelque chose de nouveau arrivera.

Mon souhait est que les thérapeutes complémentaires se développent dans le monde, en Europe et en France, où leur reconnaissance est encore très précaire. Qu'ils développent leur activité et leur potentiel personnel, pour ainsi en faire profiter leurs clients. Qu'ils soient des guides de lumière, intègres, entiers, aimants et aimés, pour illuminer le monde de nouvelles possibilités.

Remerciements

Merci à tous les guides de lumière, incarnés ou non, qui m'accompagnent au quotidien sur ce magnifique chemin. Merci de m'avoir permis de trouver les outils pour oser dépasser mes peurs et oser vivre pleinement ma (mes) passion(s), et de me permettre d'en faire maintenant profiter d'autres personnes.

J'espère que ces personnes bénéficieront de la même transformation profonde que celle que j'ai expérimentée, pour enfin **oser**.

Sources

Voici toutes les lectures qui m'ont aidée sur mon chemin personnel : oser vivre de mes passions !

Je vous encourage fortement à lire ces ouvrages et/ou visiter les sites internet correspondants :

Commencez par… le mien ! www.marylaureteyssedre.com

Brennan Barbara Ann, *Hands of Light*, Bantam Books, 1988 et du même auteur, *Light emerging*, Bantam Books, 1994. Disponibles en français : *Le pouvoir bénéfique des mains* et *Guérir par la lumière*, Tchou. Site web : www.barbarabrennan.com

Chopra Deepak, *Creating Affluence. The A-to-Z Steps to a Richer Life*, New World library and Amber Allen Publishing, 1998. Disponible en français : *Les clés spirituelles de la richesse*, J'ai Lu, 2003.

EFT : Emotional Freedom Techniques® (Technique de libération émotionnelle) : Site (en anglais) de Gary Craig : www.emofree.com. Sites en français : www.technique-eft.com / www.sophiemerle.com / www.guerir-eft.com / www.wisdomofbeing.com

Eker T. Harv, *Secrets of the Millionaire Mind*, Harper Business, 2005. Disponible en français : *Les secrets*

d'un esprit millionnaire. Maîtriser le jeu intérieur de la richesse, Trésor caché, 2008. Site web : www.millionaire-mind.com

Hay Louise, *You can Heal your Life*, Hay House, 2004. Disponible en français : *Transformez votre vie*, Marabout, 2007.

Hicks Esther and Jerry, *Ask and It is Given. Learning to Manifest your Desires*, Hay House, 2005.

Kiyosaki Robert T. et **Lechter** Sharon L., *Rich Dad, Poor Dad, What the Rich Teach their Kids about Money. That the Poor and the Middle Class Do Not !*, Little, Brown and Company, 2000. Disponible en français : *Père riche, père pauvre, devenir riche ne s'apprend pas à l'école !*, Un monde différent, 2001.

Odoul Michel, *Dis-moi où tu as mal, je te dirai pourquoi*, Albin Michel, 2002

Poletti Rosette et **Dobbs** Barbara, *Petit cahier d'exercices d'estime de soi*, Jouvence, 2008.

Roman Sanaya et **Packer** Duane, *Creating Money, Attracting Abundance*, New World Library, 2007. Disponible en français : *Créer l'Abondance*, Vivez Soleil, 1992. Site web : www.orindaben.com

Walsch Neale Donald, *Conversations with God. An Uncommon Dialogue*, Hampton Roads Publishing, 1997. Disponible en français : *Conversation avec Dieu. Un*

dialogue hors du commun, European schoolbooks, J'ai Lu, Aventure secrète, 2003.

Site web : www.nealedonaldwalsch.com / www.conversationswithgod.org

Autres :

Keyer Zach, *Reiki Marketing*, e-book. www.reikimarketing.com

Collins Otto, *How to Market your Holistic Health Care or New Age Business like a Pro*, e-book. www.newagemarketingtips.com

www.holistichealingcenter.com

Du même auteur

Comment attirer l'argent et l'abondance

Un choix à la portée de tous !

Mary Laure Teyssedre

Avec ce livre, chassons tout jeu de pouvoirs et toute parure pour revenir à une énergie plus constructive ! Quand nous changeons de croyances par rapport à l'argent, l'énergie que nous projetons sur l'argent change, et l'argent change de rapport avec nous. Osez l'abondance !

96 pages : • 4,90 € / 9 CHF

Achevé d'imprimer sur rotative
par l'imprimerie Darantiere à Dijon-Quetigny
en mars 2011

Dépôt légal : mars 2011
N° d'impression : 11-0343
Imprimé en France

Dans le cadre de sa politique de développement durable, l'imprimerie Darantiere a été référencée IMPRIM'VERT® par son organisme consulaire de tutelle. Cette marque garantit que l'imprimeur respecte un cycle complet de récupération et de traçabilité de l'ensemble de ses déchets.